China's Ancient History of Northeast Asia is False

중국의 동북아고대사는 가짜다

– 동북아고대사의 올바른 이론체계 –

역사매니아용

서문(序文)

중국의 춘추시대〈BC 770 ~ BC 403년〉, 중국은 연(燕)나라 동쪽 국경을 요수(遼水)라 칭했고, 요수(遼水) 동쪽에 요동(遼東)과 조선(朝鮮)이 있다고 기록했다.

명(明)나라 시기〈AD 1368 ~ 1644년〉, 중국은 요하(Liao River) 동쪽 요양시(遼陽市) 일대를 요동(遼東)이라 칭했고, 조선(Joseon)은 요동(遼東) 남쪽에 위치했다.

그렇다면 요양시(遼陽市)는 언제 처음으로 중국의 영토가 되었을까?

정답은 '명(明)나라 시기〈AD 1368 ~ 1644년〉'이다.

[한중일 학계]는 '중국의 전국시대〈BC 403 ~ BC 221년〉에 요양시(遼陽市)가 중국의 영토로 편입되어 양평현(襄平縣)이 설치되었다'고 가르치고 있다.

중국 춘추전국시대〈BC 770 ~ BC 221년〉의 요수(遼水)와 명(明)나라 시기의 요하(Liao River)가 동일한 하천이란 말인가?

상식에서 한참 벗어난 가짜 역사를 전세계 사람들이 그대로 믿고 있다.

게다가 명(明)나라 시기에도 요양시(遼陽市)에는 군사적 목적으로 군대가 주둔했을 뿐 중국인이 본격적으로 요하(Liao River) 유역으로 이주하여 거주한 것도 아니다.

이 책을 읽으면서 여러분은 당(唐)나라와 명(明)나라의 역사 왜곡이 현대인을 얼마나 바보로 만들 수 있는지 놀라움을 경험할 수 있을 것이다.

그리고 학교에서 배운 동북아고대사는 가짜 역사였음을 알게 될 것이다.

중국은 '고조선(古朝鮮)과 고구려(高句麗)의 영토였던 한반도 북부 지역이 본래 중국의 영토였고 언제가 수복해야 할 땅'이라고 자국민을 가르치고 있다.

더욱이 한국은 AD 7세기에 통일신라(Unified Silla)로 처음 생겨난 국가이고, 그마 저도 중국의 속국이라고 가르치고 있다.

'한국은 역사적으로 중국의 일부였다'는 가짜 역사를 빌미로 한국을 예속시키려는 중국의 전략은 한국과의 관계를 벼랑으로 몰고 갈 수밖에 없어 전쟁이 멀지 않았음을 시사한다.

중국의 동북아고대사 정립 1)
BC 344년, 연(燕)의 영토 ➡ 고죽국요수(孤竹國遼水)와 연요동(燕遼東) ➡ 패수(浿水) ➡ 조선 (朝鮮)이 서쪽에서 동쪽 방향으로 위치한다.

중국의 동북아고대사 정립 2)
진(秦) 말기(末期)<BC 209 ~ BC 207년>, 고죽국요수(孤竹國遼水)와 연요동(燕遼東) ➡ 패수 (浿水) ➡ 만리장성동단(萬里長城東端)과 진요동(秦遼東) ➡ 패수(沛水) ➡ 요동외요(遼東外徼) 가 서쪽에서 동쪽 방향으로 위치한다.

중국의 동북아고대사 정립 3)
진개(秦開)의 동정(東征) 이후, 패수(浿水)와 패수(沛水) 사이, 즉 한(漢) 요서군(遼西郡) 동부 지역은 연(燕)과 고조선(古朝鮮) 간 두 번째 완충지대가 되었다.

중국의 동북아고대사 정립 4)
당태종(唐太宗)<재위; AD 626 ~ 649년> 시기, 유수(濡水)와 당(唐) 평주(平州) 노룡현(盧龍縣) ➡ 패수(浿水) ➡ 만리장성동단(萬里長城東端)과 당(唐) 영주(營州) ➡ 대요수(大遼水) ➡ 한요동 (漢遼東)이 서쪽에서 동쪽 방향으로 위치한다.

중국의 동북아고대사 정립 5)
유수(濡水) ➡ 연요동(燕遼東) ➡ [고조선 패수(浿水)] ➡ 진요동(秦遼東) ➡ 대요수(大遼水) ➡ 한요동(漢遼東)이 서쪽에서 동쪽 방향으로 위치한다.

중국의 동북아고대사 정립 6)
한서지리지(漢書地理志) 요서군(遼西郡) 편(篇)에 기록된 한(漢) 요서군(遼西郡)의 영토 내에 서 흐르는 48개 작은 하천 중 하나가 중국과 한국 간 최초의 국경인 [고조선 패수(浿水)]이다.

요수(遼水) ➡ 연(燕) 요동군(遼東郡) 양평현(襄平縣) ➡ [고조선 패수(浿水)] ➡ 진요동(秦遼東) ➡ 대요수(大遼水) ➡ 한(漢) 요동군(遼東郡) 양평현(襄平縣) ➡ 왕험성(王險城)이 서쪽에서 동쪽 방향으로 위치한다.

연장성동단(燕長城東端)과 고죽국(孤竹國)의 우갈석(右碣石) ➡ [고조선 패수(浿水)] ➡ 만리장성동단(萬里長城東端)과 고구려(高句麗)의 좌갈석(左碣石)이 서쪽에서 동쪽 방향으로 위치한다.

유수(濡水)에서 개칭된 조백하(Chaobai River) ➡ 진(晉) 요서군(遼西郡)이 위치한 하북성 천진시 ➡ [고조선 패수(浿水)] ➡ 진(晉) 평주(平州)의 모용선비(慕容鮮卑) ➡ 대요수(大遼水) ➡ 고구려(高句麗)가 서쪽에서 동쪽 방향으로 위치한다.

조백하(Chaobai River) ➡ 연장성동단(燕長城東端) ➡ [고조선 패수(浿水)] ➡ 만리장성동단(萬里長城東端) ➡ 패수(沛水)에서 개칭된 난하(Luan River) ➡ 명장성동단(明長城東端)이 서쪽에서 동쪽 방향으로 위치한다.

한(漢) 요서군(遼西郡) 서부 지역은 조백하(Chaobai River)가 흐르는 하북성 천진시이고, 한(漢) 요서군(遼西郡) 동부 지역은 하북성 당산시 및 승덕시 서남부 지역이며, 한(漢) 요동군(遼東郡)은 난하(Luan River) 중류 유역이다.

고조선(古朝鮮)의 영토 중, 진시황(秦始皇)이 중국의 내지(內地)로 만든 곳은 하북성 당산시이며, 진(秦)과 고조선(古朝鮮) 간 국경이었던 패수(沛水)는 난하(Luan River)이다.

고조선(古朝鮮)은 패수(浿水)까지 영토를 모두 수복하여 패수(浿水)와 난하(Luan River) 사이를 진고공지(秦故空地)로 만들었다.

[한중일 학계의 통설]과 다른 내용을 언급하면서도 근거를 생략한 글은 모두 [동북아고대사정립 1 ~ 6권]에서 필자가 충분히 논증한 내용임을 미리 밝힌다.

목차

중국의 동북아고대사는 가짜다

– 동북아고대사의 올바른 이론체계 –

정사서(正史書)의 1차 사료가 제시한 기본적인 이론체계를 따르지 않는다면 1,000년이 지나도 [북한 학계]와 [한국 민족사학자]들이 동북아고대사를 정립해 내는 일은 없을 것이다.

Part 1. [고조선 패수(浿水)]와 3개의 고대 요동(遼東)

1. [고조선 패수(浿水)]를 찾지 못한 이유

2. 3,000년 존속 후, AD 668년에 멸망한 [고대 한국]

3. 진개(秦開)의 동정(東征) 이전, 연(燕) 동쪽 국경 = 요수(遼水)

4. 진개(秦開)의 동정(東征) 이후, 연(燕) 동쪽 국경 = 패수(浿水)

5. 만번한(滿番汗) = [번한현(番汗縣) 패수(沛水)]

6. 진개(秦開)의 동정(東征) 이후, 고조선(古朝鮮) 서쪽 국경 = 대요수 (大遼水)

1. [고조선 패수(浿水)]를 찾지 못한 이유

한(漢)과 고조선(古朝鮮) 간 국경은 [고조선 패수(浿水)][1]이다.

[고조선 패수(浿水)]를 한반도 청천강으로 비정한 최초의 문헌은 한백겸(韓百謙)〈AD 1552～1615년〉의 동국지리지(東國地理誌)이다.

[고조선 패수(浿水)]를 혼하(Hun River)로 비정한 최초의 문헌은 성해응(成海應)〈AD 1760～1839년〉의 연경재전집(研經齋全集)이다.

조선(Joseon)의 학자들이 [고조선 패수(浿水)]를 찾지 못한 이유는 다음과 같다.

1) 조선(Joseon)의 학자들은 당(唐)의 역사 왜곡에 속아 '고조선(古朝鮮)의 낙랑(樂浪)[2] 땅은 한반도 대동강 유역'이라고 믿었다.

2) 조선(Joseon)의 학자들은 명(明)의 역사 왜곡에 속아 '[고죽국(孤竹國) 영토][3] 동쪽 요수(遼水)[4]는 요하(Liao River)'라고 믿었다.

3) 조선(Joseon)의 학자들은 [번한현(番汗縣) 패수(沛水)][5]를 진(秦)과 고조선(古朝鮮) 간 국경이었던 패수(沛水)[6]와 동일한 하천으로 오인한 진수(陳壽)의 삼국지(三國志) 기록을 반박하지 못했다.

그 결과, '연(燕)의 장수 진개(秦開)가 고조선(古朝鮮)의 서방 땅을 공격하여 2,000여 리(里)를 빼앗았으며, 만번한(滿番汗)[7]을 경계로 삼으니 고조선(古朝鮮)이 약해졌다'는 삼국지(三國志)의 기록은 역사적 사실로 받아들여졌다.

'요동(遼東) 남쪽 1,000여 리(里) 지점에 평양성(平壤城)이 있다'는 두우(杜佑)의 통전(通典) 기록을 읽은 학자들에게는 역사적 사실로 받아들이기 쉬운 측면이 있었다.

'[고조선 패수(浿水)]는 대요수(大遼水)[8] 서쪽에 위치한다'는 역사적 사실을 알기 위해서는 '패수(沛水)는 대요수(大遼水)와 동일한 하천'이라는 역사적 사실부터 알아야 하는데, 이는 역사가가 아닌 일반 학자들에게는 어려운 통찰일 수 있다.

따라서 조선(Joseon)의 학자들이 [고조선 패수(浿水)]를 찾지 못한 이유는 당(唐)과 명(明)의 역사 왜곡과 역사가를 키워내지 못한 조선(Joseon)의 역량 부족 때문이다.

조선(Joseon) 시대〈AD 1392 ~ 1897년〉이후, 많은 학자들이 [고조선 패수(浿水)]를 비정했지만 모두 틀렸다.

대부분의 학자들은 [고조선 패수(浿水)]를 요하(Liao River) 동쪽 한반도 청천강 · 한반도 압록강 · 혼하(Hun River)로 비정했는데, 한백겸(韓百謙) · 정약용(丁若鏞) · 성해응(成海應) 등 조선(Joseon) 학자들의 주장을 그대로 견지한 것이다.

한편, [북한 학계]와 단국대학교 부총장을 역임한 윤내현(尹乃鉉) 박사는 [고조선 패수(浿水)]를 각각 대릉하(Daling River)와 난하(Luan River)로 비정했는데, 납득이 가는 논증을 제시하지는 못했다.

만약 [고조선 패수(浿水)]의 위치에 관해 역사적 사실을 통찰한 학자가 있었다면, 그 학자는 먼저 요수(遼水)와 대요수(大遼水)의 위치를 비정하고, 이후 두 하천을 기준으로 [고조선 패수(浿水)]를 비정했을 것이다.

[고조선 패수(浿水)]는 정사서(正史書)에 기록이 거의 남아 있지 않기 때문에 좌우의 대하천인 요수(遼水)와 대요수(大遼水)를 기준으로 비정할 수밖에 없다.

또한 고대에 비해 수량이 줄어든 지역의 작은 하천으로 2,000년 이상의 세월에 의해 변화가 있었을 가능성이 높기 때문에 좌우 기준선이 필요하다.

그 누구도 역사적 사실을 밝혀내지 못한 상황에서 일부 학자와 그들의 추종자들이 [한국 주류 역사학자]들을 [식민사학자]라고 비난하다 보니 한국 내에서 불필요하고 소모적인 [식민사학] 논쟁이 벌어졌다.

뒤틀려 있는 동북아고대사를 바로잡아야 할 책임이 있는 [한국 주류 역사학자]들의 무능력에 대한 울분은 충분히 이해가 가지만 역사 왜곡을 바로잡겠다면서 스스로 역사 왜곡을 범해서는 안 된다.

[한국 주류 역사학자]들의 주장은 한백겸(韓百謙) · 정약용(丁若鏞) · 성해응(成海應) 등 조선(Joseon) 학자들의 주장과 같은데, 그러한 주장을 했던 조선(Joseon) 학자들이 [식민사학자]는 아니지 않은가?

일제강점기〈AD 1910 ~ 1945년〉, 일본의 역사학자들은 자신들이 실증주의 사학자라면서 동북아고대사를 꿰뚫고 있는 듯이 거들먹거렸지만, 일본의 역사학자들 또한 같은 이유로 [고조선 패수(浿水)]를 찾지 못했다.

본의 아니게 그들의 제자가 된 [한국 주류 역사학자]들 또한 [식민사학자]이기 때문이 아니라 같은 이유로 [고조선 패수(浿水)]를 찾지 못한 것이다.

당(唐)과 명(明)의 역사 왜곡을 극복하지 못한 상태에서 정사서(正史書)의 1차 사료를 정상적으로 공부하면 일반적으로 요하(Liao River) 동쪽 혼하(Hun River)를 [고조선 패수(浿水)]로 비정하게 된다.

2010년대부터 패수혼하설(浿水渾河說)[9]이 학계의 대세로 떠올랐다고 하니 최근 한국의 역사학자들은 이전보다 정사서(正史書)의 1차 사료를 제대로 공부하고 있는 것 같다.

동북아고대사의 첫 번째 정사서(正史書)는 사마천(司馬遷)의 사기(史記)이며, 한서(漢書) · 후한서(後漢書) · 삼국지(三國志)까지만 제대로 공부하면 동북아고대사를 꿰뚫는 것은 어렵지 않다.

비록 [한국 주류 역사학자]들이 지금은 헤매고 있지만, 사기(史記)의 1차 사료가 제시한 기본적인 이론체계를 따르고 있기 때문에 당(唐)과 명(明)의 역사 왜곡을 간파하면 한국의 역사학은 눈부신 발전을 하게 될 것이다.

역사 왜곡을 간파한 [한국 주류 역사학자]들이 자각하면서 정사서(正史書)를 바탕으로 역사적 사실이 담긴 논문들을 쏟아낼 것이기 때문이다.

필자는 그러한 학자들의 버팀목이 되고자 학교 설립을 꿈꾸기도 했었다.

[북한 학계]는 [고조선 패수(浿水)]를 요하(Liao River) 서쪽 대릉하(Daling River)로 비정했다.

[고조선 패수(浿水)]에 관한 [북한 학계]의 주장은 정사서(正史書)의 1차 사료가 제시한 기본적인 이론체계를 따르지 않았기 때문에 논증 자체가 학술적이지 않다.

[북한 학계] 논지의 기반은 삼국지(三國志)에 기록된 진개(秦開)의 동정(東征)[10]이므로 [북한 학계]의 연구에서 정사서(正史書)의 1차 사료가 배제된 것도 아니다.

연구 결과 '고조선(古朝鮮)의 영토는 본래 서쪽으로 하북성 북경시에 이르렀다'는 결론이 나왔다면, [북한 학계]는 학자의 양심을 걸고 북경시의 하천을 [고조선 패수(浿水)]로 비정해야 한다.

또한 '진개(秦開)의 동정(東征)으로 고조선(古朝鮮)의 영토는 대릉하(Daling River) 동쪽으로 밀려났다'는 결론이 나왔다면, 밀려난 곳의 경계가 된 하천을 진(秦)과 고조선(古朝鮮) 간 국경이었던 패수(沛水)로 비정해야 한다.

정사서(正史書)의 1차 사료에 의하면 역사적 사실은 명백하다.

1) 진개(秦開)의 동정(東征) 이전, 고조선(古朝鮮) 서쪽 국경은 패수(浿水)이다.

2) 진개(秦開)의 동정(東征) 이후, 고조선(古朝鮮) 서쪽 국경은 패수(沛水)이다.

3) 진(秦) 말기(末期), 고조선(古朝鮮)은 패수(浿水)까지 영토를 모두 수복했다.

'사마천(司馬遷)의 사기(史記)부터 중국의 정사서(正史書)는 조작되었고, 북한의 역사학 또는 신채호(申采浩) 선생의 조선상고사(朝鮮上古史) 및 계연수(桂延壽) 선생의 환단고기(桓檀古記)가 역사적 사실을 담고 있다'고 주장하는 사람은 한마디로 동북아고대사 파괴범이다.

BC 91년에 편찬된 사마천(司馬遷)의 사기(史記)는 국가가 주도하여 만든 관찬서가 아니다.

사마천(司馬遷)이 학자의 양심을 걸고 본인의 인생을 희생하면서 국가 몰래 편찬하여 남겨준 동북아시아의 보물이다.

10년 뒤인 BC 81년, 사기(史記)가 널리 알려지기 이전에 편찬된 사실상 중국 최초의 관찬서인 염철론(鹽鐵論)을 살펴보면 사기(史記)의 정확성에 사마천(司馬遷)에게 존경심이 생기지 않을 수 없다.

정사서(正史書)의 1차 사료로 기본적인 과거 사실을 습득할 수 있기 때문에 기록된 사실이 과연 역사적 사실인지를 연구하는 역사학이 성립된다.

이어서 1차 사료의 역사적 사실을 바탕으로 기본적인 이론체계가 만들어진다.

특별한 이유 없이 1차 사료가 제시한 기본적인 이론체계를 따르지 않는다면 논증 자체가 학술적이지 않다는 비판을 받을 수밖에 없다.

필자가 저술한 [동북아고대사정립 1 ~ 6권]에서 중국의 춘추시대부터 진(秦) 말기(末期)까지 이미 논증한 내용을 최대한 요약해 본다면 다음과 같다.

사기(史記)에 의하면 [중국 고유 영토의 동북방 한계]는 [고죽국(孤竹國) 영토]이다.

고죽국(孤竹國)은 중국의 첫 번째 고대국가인 상(商) 왕조(王朝)〈BC 1600 ~ BC 1046년〉의 제후국이다.

고죽국(孤竹國)은 상(商) 왕조(王朝)의 제후국 중 가장 늦게〈BC 664년〉 멸망했으며, 가장 동북쪽에 위치했다.

따라서 동북아고대사에 관한 공부는 [고죽국(孤竹國) 영토]에 관한 이해로 시작되어야 한다.

BC 667년, 제후들의 수장으로 임명된 제환공(齊桓公)〈재위; BC 685 ~ BC 643년〉은 실권을 잃어버린 주(周) 왕조(王朝)의 천자 대신 중국을 이끌었다.

제환공(齊桓公)의 주요 업적 중 하나는 북벌이었다.

BC 664년, 제환공(齊桓公)이 이끄는 제(齊)와 연(燕)의 연합군은 [중국 고유 영토의 동북방 한계]인 고죽국(孤竹國)을 멸망시켰다.

제환공(齊桓公)은 하북성 북경시와 천진시 일대를 주(周) 왕조(王朝)의 영토로 편입시킨 큰 업적을 세운 것이며, 당시에는 환공(桓公)의 자랑거리였다.

멸망시킨 땅을 내지(內地)로 편입시키기 위해서는 백성을 보내야 하는데, 연(燕)은 연장성(燕長城)을 축성할 때〈BC 300년경〉까지 [고죽국(孤竹國) 영토]를 내지(內地)로 편입시키지 못했다.

자연스럽게 [고죽국(孤竹國) 영토]는 연(燕)과 고조선(古朝鮮) 간 완충지대가 되었다.

BC 344년, 연(燕)을 방문한 소진(蘇秦)은 연문후(燕文侯)〈재위; BC 361 ~ BC 333〉에게 '연(燕) 동쪽에 조선(朝鮮)과 요동(遼東)이 있다'고 말했다.

BC 664년부터 BC 344년까지 320년 동안 연(燕)과 고조선(古朝鮮) 간 완충지대였던 [고죽국(孤竹國) 영토]를 중국은 요동(遼東)이라 부르고 있었던 것이다.

합종연횡으로 유명한 소진(蘇秦)이 언급한 요동(遼東)을 이하, 연요동(燕遼東)[11]이라 칭한다.

연요동(燕遼東)에는 고구려(高句麗)의 요수(遼水)인 대요수(大遼水)가 아니라 중국 최초의 요수(遼水)가 흐른다.

연요동(燕遼東)은 [고죽국(孤竹國) 영토]이므로 이하, [고죽국(孤竹國) 영토]에서 흐르는 요수(遼水)를 고죽국요수(孤竹國遼水)[12]라 칭한다.

중국이 350년이 넘는 시간 동안 완충지대에 불과했던 [고죽국(孤竹國) 영토]에 중국의 동북방 한계를 상징하는 요동(遼東)이라는 명칭을 사용한 이유는 고죽국(孤竹國) 너머의 세계가 문명이 다른 조선(朝鮮)의 영역이라는 인식이 있었기 때문이다.

BC 344년, 연(燕)의 영토 ➡ 고죽국요수(孤竹國遼水)와 연요동(燕遼東) ➡ 패수(浿水) ➡ 조선(朝鮮)이 서쪽에서 동쪽 방향으로 위치한다.

중국의 동북아고대사 정립 1)

BC 344년, 연(燕)의 영토 ➡ 고죽국요수(孤竹國遼水)와 연요동(燕遼東) ➡ 패수(浿水)
➡ 조선(朝鮮)이 서쪽에서 동쪽 방향으로 위치한다.

연소왕(燕昭王) 재위기간〈BC 311년 ~ BC 279년〉, 연(燕)의 장수 진개(秦開)가 고조선(古朝鮮)을 침공했다.

그 결과, 고조선(古朝鮮) 서쪽 국경은 패수(浿水)에서 패수(沛水)로 후퇴했다.

사마천(司馬遷)은 사기(史記)에서 패수(浿水)와 패수(沛水) 사이 땅을 진고공지(秦故空地)라 칭했다.

'진(秦)의 옛 비어있는 땅'이라는 뜻으로 진(秦) 말기(末期), 고조선(古朝鮮)이 진(秦)으로부터 수복한 땅이다.

진(秦)의 영토 중 동북방 한계, 즉 진고공지(秦故空地)에는 만리장성동단(萬里長城東端)과 진(秦) 요동군(遼東郡)이 위치했다.

중국은 패수(浿水)와 패수(沛水) 사이 진고공지(秦故空地) 또한 요동(遼東)이라 칭했는데, 패수(浿水) 서쪽 연요동(燕遼東)과 구분하여 이하, 진요동(秦遼東)[13]이라 칭한다.

패수(浿水)는 연요동(燕遼東) 동쪽 경계이면서 진요동(秦遼東) 서쪽 경계인 것이다.

또한 사마천(司馬遷)은 사기(史記)에서 패수(沛水) 동쪽 땅을 요동외요(遼東外徼)라 칭했다.

요동외요(遼東外徼)는 '요동(遼東)을 벗어난 지역의 요새'라는 뜻으로, 고조선(古朝鮮)을 침공한 진(秦)의 군대가 잠시 이곳에 주둔했다.

진(秦) 말기(末期)〈BC 209 ~ BC 207년〉, 고죽국요수(孤竹國遼水)와 연요동(燕遼東) ➡ 패수(浿水) ➡ 만리장성동단(萬里長城東端)과 진요동(秦遼東) ➡ 패수(沛水) ➡ 요동외요(遼東外徼)가 서쪽에서 동쪽 방향으로 위치한다.

중국의 동북아고대사 정립 2)

진(秦) 말기(末期)<BC 209 ~ BC 207년>, 고죽국요수(孤竹國遼水)와

연요동(燕遼東) ➡ 패수(浿水) ➡ 만리장성동단(萬里長城東端)과 진요동(秦遼東) ➡

패수(沛水) ➡ 요동외요(遼東外徼)가 서쪽에서 동쪽 방향으로 위치한다.

요약한 내용은 사기(史記)를 편찬한 사마천(司馬遷)이 필자에게 알려준 역사적 사실이며, 진(秦)과 고조선(古朝鮮) 간 국경의 명칭인 패수(沛水)는 염철론(鹽鐵論)에서 찾아 보충했다.

사마천(司馬遷)은 진고공지(秦故空地), 즉 진요동(秦遼東)과 요동외요(遼東外徼)를 구분하여 기록했지만, 진요동(秦遼東) 동쪽 경계, 즉 두 지역 간 경계의 명칭인 패수(沛水)는 기록하지 않았다.

사기(史記)와 염철론(鹽鐵論)을 읽으면 다음은 한서(漢書)이다.

한서(漢書)를 통해 한요동(漢遼東)[14]까지 이해하면 3개의 고대 요동(遼東)인 연요동(燕遼東)·진요동(秦遼東)·한요동(漢遼東)을 모두 이해할 수 있다.

'정사서(正史書)의 1차 사료가 제시한 기본적인 이론체계를 따르지 않는다면 1,000년이 지나도 [북한 학계]와 [한국 민족사학자]들이 동북아고대사를 정립해 내는 일은 없을 것'이라고 필자가 단언할 수 있는 이유는 사기(史記)에서 한서(漢書)까지 역사적 사실이 명백하기 때문이다.

연요동(燕遼東)은 [고조선 패수(浿水)] 서쪽에, 진요동(秦遼東)은 [고조선 패수(浿水)] 동쪽에 위치하며, 한요동(漢遼東)은 진요동(秦遼東) 동쪽에 위치한다.

사기(史記) 조선열전(朝鮮列傳)에 의하면

秦滅燕 屬遼東外徼 漢興 為其遠難守 複修遼東故塞 至浿水為界

진(秦)이 연(燕)을 멸(滅)한 후, 요동외요(遼東外徼)에 속(屬)했다.

한(漢)이 건국하여 그곳은 멀어서 지키기가 어려워 다시 요동고새(遼東故塞)를

수리하여 패수(浿水)에 이르러 경계를 정했다.

사마천(司馬遷)의 사기(史記)를 읽어보면 고조선(古朝鮮)은 진개(秦開)의 동정(東征)으로 동쪽으로 밀려났고, 진(秦) 시기에는 진요동(秦遼東) 밖 요동외요(遼東外徼)의 감시를 받는 처지였지만, 어느덧 중국을 연요동(燕遼東)으로 밀어내고 국경을 패수(浿水)로 원위치 시켰음을 알 수 있다.

따라서 '고조선(古朝鮮)의 영토는 본래 서쪽으로 하북성 북경시에 이르렀는데 진개(秦開)의 동정(東征)으로 밀려났으며, [고조선 패수(浿水)]는 대릉하(Daling River)이다'라는 [북한 학계]의 고조선(古朝鮮) 영토에 관한 주장은 역사적 사실이 아니다.

사기(史記)에 의하면 [고조선 패수(浿水)] 서쪽에는 요동고새(遼東故塞)가 있는데, 요동고새(遼東故塞)가 위치한 곳은 연요동(燕遼東)으로 중국의 고유 영토이다.

따라서 '[고조선 패수(浿水)] 서쪽에 고조선(古朝鮮)의 옛 영토가 있다'는 [북한 학계]와 [한국 민족사학자]들의 주장은 모두 틀렸다.

이외에도 하북성 진황도시의 갈석산이 근거라면서 진황도시 일대를 고대 요동(遼東) 또는 낙랑(樂浪) 땅으로 비정하는 경우가 있는데, 진황도시의 갈석산은 명(明)이 역사 왜곡을 위해 떡밥으로 만든 가짜 우갈석(右碣石)[15]이다.

역사 왜곡을 자행한 사람들은 중국의 국가 전략가들이지만 [한국 민족사학자]들이 단편적인 사료를 근거로 학술적이지 않은 논지를 펴는 것도 일종의 역사 왜곡이다.

동북아고대사 왜곡의 주범인 중국을 향해야 할 비판이 [한국 학계]에 집중되고, 일부 청소년들이 이를 당연시하는 것도 문제다.

수 많은 청소년들이 [한국 민족사학자]들의 주장에 현혹되어 그 폐해가 심각한데도 이를 바로 잡지 못하는 [한국 학계]는 한심하다.

한편, [한국 민족사학자]들과 나란히 서서 '[고조선 패수(浿水)] 서쪽에 고조선(古朝鮮)의 옛 영토가 있다'는 주장을 하고 있는 [북한 학계]는 어떠한가?

고조선(古朝鮮)은 패수(浿水)와 패수(沛水) 사이 영토를 잠시 상실했지만, 중국 최초의 통일 국가인 진(秦)을 상대로 빼앗긴 영토를 모두 수복했다.

이후, '고조선(古朝鮮)은 멸망할 때까지 서쪽 국경인 패수(浿水)를 굳건히 지켰다'는 역사적 사실이 정사서(正史書)의 1차 사료에 분명하게 기록되어 있다.

무엇보다도 청소년들에게는 역사적 사실을 있는 그대로 가르치는 것이 중요하다.

그래야만 역사를 통해 세상이 돌아가는 원리를 배우고 미래를 보는 통찰력을 키울 수 있기 때문이다.

[북한 학계]가 [한국 민족사학자]들의 주장은 자신들의 주장과 일맥상통하고, [한국 학계]의 주장은 [식민사학]이라면서 양쪽을 이간질한다면 통일을 염원하지 않는 반민족적 행위이다.

중국의 동북공정에 맞서 싸우고 동북아고대사를 정립해야 하는 역사적 사명에는 남북이 하나가 되어야 한다.

필자의 [동북아고대사정립 1 ~ 6권]에 수록된 310개 학설을 [북한 학계]가 철저하게 검증해 줄 것을 강력하게 요청한다.

그 결과, 필자가 주장하는 310개 학설 중 절대 다수가 옳다고 판가름 나면 한민족(韓民族)의 미래를 위해 기존의 주장을 과감하게 철회하기 바란다.

[북한 학계]가 머지않아 필자의 [동북아고대사정립 1 ~ 6권]의 역사적 사실들을 역사교사서에 반영할 것이라 믿어 의심치 않는다.

2. 3,000년 존속 후, AD 668년에 멸망한 [고대 한국]

[중국 고유 영토의 동북방 한계]인 [고죽국(孤竹國) 영토] 동쪽에는 한국의 두 번째 고대국가인 고조선(古朝鮮)[16] 〈BC 800 ~ BC 107년〉이 패수(浿水)를 국경으로 접해 있다.

동북아고대사정립 2에 수록된 고조선(古朝鮮) 영토고표(領土考表) 완성본(完成本)[17] 에 의하면 진요동(秦遼東)에서 한반도 북부 지역까지 고조선(古朝鮮)의 영토이다.

이 지점에서 동북아고대사에 기본 지식이 있는 사람은 의문을 갖을 것이다.

1) 고조선(古朝鮮)이 한국의 첫 번째 고대국가가 아닌가?

　－ 한국의 첫 번째 고대국가는 단군조선(檀君朝鮮)[18] 〈BC 2333 ~ BC 800년〉이다.

2) 고조선(古朝鮮)은 BC 108년에 멸망한 것이 아닌가?

　－ BC 108년에 멸망한 조선(朝鮮)은 낙랑조선(樂浪朝鮮)[19]이며, BC 107년, 예맥 조선(濊貊朝鮮)[20]이 멸망하면서 고조선(古朝鮮)은 마침내 멸망했다.

32년 뒤인 BC 75년, 예맥조선(濊貊朝鮮) 사람들은 한(漢)의 지배에서 벗어났으며, 예맥조선(濊貊朝鮮)은 고구려(高句麗)로 승계되었다.

반면, 낙랑조선(樂浪朝鮮)은 재건되지 못했다.

지금의 한국인은 한(漢)에 순응한 낙랑조선(樂浪朝鮮) 사람들의 후손이 아니라 한 (漢)과 32년 동안 치열한 쟁투를 벌여 요하(Liao River) 유역을 독립시킨 예맥조선(濊貊 朝鮮) 사람들의 후손이다.

예맥조선(濊貊朝鮮) 사람들의 역사가 부각되지 않은 이유는 그들의 독립운동 기간 〈BC 107 ~ BC 75년〉의 기록이 거의 전해지지 않았기 때문이다.

AD 2년의 기록인 한서지리지(漢書地理志)에도 이미 독립한 요하(Liao River) 유역 예 맥조선(濊貊朝鮮) 사람들의 흔적은 남아있지 않다.

동북아고대사가 뒤틀린 가장 큰 이유는 당(唐)과 명(明)의 역사 왜곡이다.

하지만 한국의 역사를 시간적 공간적으로 축소하려는 악의적인 떡밥에 쉽게 속아 넘어가는 한국의 인문학 부재도 문제다.

두 가지만 예를 든다면 다음과 같다.

1) 기자(箕子)[21] 신봉 또는 배척

정사서(正史書)의 1차 사료에 기자(箕子)가 나라를 건국했거나 왕(王)이 되었다는 기록이 없기 때문에 기자(箕子)가 망명하자마자 기자조선(箕子朝鮮)을 건국했다는 주장은 기자(箕子)를 신봉한 유학자들의 망상이다.

반면, 정사서(正史書)의 1차 사료에 기자(箕子)가 조선(朝鮮)으로 망명했다는 기록이 있고, 기자(箕子)의 후손이 고조선(古朝鮮)의 왕(王)이 되었다는 기록도 있기 때문에 기자(箕子)가 단군조선(檀君朝鮮)에 망명한 것은 역사적 사실이다.

또한 기자(箕子)의 망명에 관한 사기(史記)의 기록은 단군조선(檀君朝鮮)의 실존을 증명하는 것이다.

하지만 일제강점기, 일본 제국은 기자(箕子)의 망명 자체를 부정하면서 단군조선(檀君朝鮮)의 실존 또한 부정했다.

그러한 악의적인 주장에 부화뇌동하여 정사서(正史書)의 기록을 함부로 부정한다면 본의 아니게 역사 왜곡에 동참하는 셈이다.

2) 한국인이 동이족(東夷族)[22]이라는 상식 밖 주장

중원(中原) 서부 지역 사람들인 하족(夏族)[23]은 중원(中原) 동부 지역 사람들을 동이족(東夷族)이라 칭했다.

동이족(東夷族)은 상족(商族)[24]과 화하족(華夏族)[25]을 거쳐 한족(漢族)의 주류가 되었으며, 현대 중국인의 원류이다.

[동쪽 오랑캐]라는 의미의 보통명사 동이(東夷)를 종족을 의미하는 고유명사로 탈바꿈 시키면서까지 한국인을 중국 본토와 연결시키는 것은 역사 왜곡이다.

[고대 한국]인 고조선(古朝鮮) 및 고구려(髙句麗)는 예맥족(濊貊族)[26]의 국가이며, 삼한(三韓)[27] 또한 예맥족(濊貊族)의 국가이다.

인문학 부재의 사회에서 자라난 한국 청년들이 제한된 문화 유산을 기반으로도 탁월한 능력을 발휘하면서 지구촌에서 큰 활약을 펼치고 있다.

만약 중국의 6%에 불과한 인구로도 3,000년 동안 중국과 대등하게 맞선 [고대 한국]의 진짜 역사가 문화 유산으로 주어진다면 한국 청년들이 지구촌에서 어떠한 활약을 펼치게 될 지 가늠이 안 된다.

사마천(司馬遷)의 사기(史記)에 의하면 진개(秦開)의 동정(東征) 이전, 중국과 [고대 한국]은 서로의 영토를 침략한 적이 없다.

한서지리지(漢書地理志)에 의하면 제환공(齊桓公)[28]이 멸망시킨 산융(山戎)[29]의 영토는 한(漢) 어양군(漁陽郡)과 우북평군(右北平郡)[30]의 영토가 되었다.

한서지리지(漢書地理志)에 의하면 제환공(齊桓公)이 멸망시킨 [고죽국(孤竹國) 영토]는 한(漢) 요서군(遼西郡) 서부 지역이 되었다.

한(漢) 요서군(遼西郡) 서부 지역의 동쪽 경계가 [고조선 패수(浿水)]이며, [한(漢) 요서군(遼西郡) 동부 지역 + 한(漢) 요동군(遼東郡)]은 본래 고조선(古朝鮮)의 영토이다.

따라서 중국이 미국 정치권에 '한반도 북부 지역은 본래 중국의 영토였다'고 주장하는 것은 '동북아고대사를 정치 영역으로 끌어들여 한반도 침략의 명분으로 삼겠다'는 정치적 의도가 엿보이는 선전포고 같은 행위이다.

'[고대 한국]은 중국의 지방 정권이었다'는 주장 또한 이웃 국가를 배려하는 마음이 없는 환단고기(桓檀古記) 수준의 저급하고 역겨운 주장이다.

BC 664년, 제환공(齊桓公)이 제(齊)와 연(燕)의 연합군을 이끌고 고죽국(孤竹國)을 멸망시킨 사건은 [고조선 패수(浿水)] 서쪽에서 일어난 중국의 역사이다.

BC 4세기 말, 연(燕) 진개(秦開)의 군대는 패수(浿水)를 건너 고조선(古朝鮮), 즉 [고대한국]을 공격했으며, 이후 패수(浿水)와 패수(沛水) 사이, 즉 한(漢) 요서군(遼西郡) 동부 지역은 연(燕)과 고조선(古朝鮮) 간 두 번째 완충지대가 되었다.

중국의 동북아고대사 정립 3)

진개(秦開)의 동정(東征) 이후, 패수(浿水)와 패수(沛水) 사이, 즉 한(漢)

요서군(遼西郡) 동부 지역은 연(燕)과 고조선(古朝鮮) 간 두 번째 완충지대가 되었다.

사마천(司馬遷)은 사기(史記)에 패수(浿水)와 패수(沛水) 사이 한(漢) 요서군(遼西郡) 동부 지역, 즉 진요동(秦遼東)을 진고공지(秦故空地)라 기록했는데, 인구밀도가 낮은 지역이 되었기 때문에 공지(空地)라 표현했다.

진요동(秦遼東)이 인구밀도가 낮은 지역이 된 가장 큰 이유는 진개(秦開)의 동정(東征)으로 그곳 고조선(古朝鮮) 사람들이 한반도로 이주해 버렸기 때문이다.

한반도로 이주한 [진요동(秦遼東) 고조선(古朝鮮) 사람들]은 우여곡절 끝에 신라(新羅)를 건국했는데, 신라(新羅)가 한반도 동남부 지역에 위치한 이유는 간단하다.

가장 먼저 한반도로 이주한 고조선(古朝鮮) 사람들이기 때문이다.

고조선(古朝鮮) 멸망 후, 예맥조선(濊貊朝鮮) 사람들 중 일부가 한반도로 이주하여 한인(韓人) 및 왜인(倭人)과 어우러지면서 한반도의 주류가 되었다.

위기를 느낀 [진요동(秦遼東) 고조선(古朝鮮) 사람들]은 한반도 동남부 지역에서 배수의 진을 치고 노력하여 신라(新羅)를 한반도의 고대국가 중 하나로 성장시켰다.

진시황(秦始皇)은 만리장성(萬里長城)을 축성하여 진요동(秦遼東) 남부 지역이라도 중국의 내지(內地)로 만들어보려고 했지만 고조선(古朝鮮)의 반격으로 실패했으며,

고조선(古朝鮮)은 [고조선 패수(浿水)]를 서쪽 국경으로 되돌려 놓았다.

고조선(古朝鮮)은 진요동(秦遼東)을 수복했지만 이미 한반도로 이주한 [진요동(秦遼東) 고조선(古朝鮮) 사람들]까지 다시 원위치 시킬 수는 없었다.

이때 중국인 위만(衛滿)[31]이 천여 명을 거느리고 [고조선 패수(浿水)]를 넘어 고조선(古朝鮮)에 망명했다.

고조선(古朝鮮)의 왕(王) 준(準)은 위만(衛滿)에게 인구가 적어 변방이 되어버린 진요동(秦遼東)을 지키는 직무를 맡겼는데 결과적으로 실책이었다.

'중국인 위만(衛滿)이 고조선(古朝鮮)의 진요동(秦遼東)을 지키는 관리가 되었다'는 소문이 퍼지자 수만 명의 중국인이 진요동(秦遼東)으로 망명했고, 그 결과 위만(衛滿)은 진요동(秦遼東)에서 낙랑조선(樂浪朝鮮)의 종속국 왕(王)의 지위를 갖게 되었다.

BC 194년, 위만(衛滿)은 정변을 일으켜 고조선연맹[32]의 리더국인 낙랑조선(樂浪朝鮮)의 왕(王) 준(準)을 쫓아내고 스스로 낙랑조선(樂浪朝鮮)의 왕(王)이 되었다.

그 결과, 고조선(古朝鮮)은 낙랑조선(樂浪朝鮮)과 예맥조선(濊貊朝鮮)으로 나누어졌으며, 고조선(古朝鮮)의 정통성은 예맥조선(濊貊朝鮮)으로 이어졌다.

한편, 한(漢) 요서군(遼西郡) 서부 지역인 [고죽국(孤竹國) 영토]는 당(唐) 평주(平州) 노룡현(盧龍縣)[33]으로 승계되었다.

당(唐) 평주(平州) 노룡현(盧龍縣)과 고구려(高句麗) 사이에는 영주(營州)[34]가 있다.

당(唐) 영주(營州)가 한(漢) 요서군(遼西郡) 동부 지역, 즉 패수(浿水)와 패수(沛水) 사이 진요동(秦遼東)에 위치하고 있는 것이다.

따라서 수양제(隋煬帝)와 당태종(唐太宗)이 고구려(高句麗)를 침공하면서 건넌 영주(營州) 동쪽 요수(遼水)는 대요수(大遼水)로 중국의 고유 영토에서 흐르는 [연요동(燕遼東) 요수(遼水)]와 동일한 하천이 아니다.

연장성동단(燕長城東端) 서쪽 [연요동(燕遼東) 요수(遼水)]가 유수(濡水)로 개칭된 후, 대요수(大遼水)는 대(大)가 생략되어 요수(遼水)로 기록되기 시작했으며, 연장성동단(燕長城東端)은 당장성동단(唐長城東端)과 동일한 위치이다.

상식적으로 생각해보자.

중국 황제가 당장성(唐長城) 안 내지(內地)에서 요수(遼水)를 건너는데 고생을 하겠는가?

반면, 중국 황제도 내지(內地)를 벗어나면 당장성(唐長城) 밖 대요수(大遼水) 서쪽에 접해 있는 요택(遼澤)[35]도 건너야 하고 고생을 하게 된다.

따라서 수양제(隋煬帝)와 당태종(唐太宗)이 건넌 요수(遼水)는 패수(浿水) 서쪽 당장성(唐長城) 내에서 흐르는 요수(遼水)가 아니라 패수(浿水) 동쪽 고구려(高句麗)의 영토 내에서 흐르는 대요수(大遼水)이다.

중국의 동북아고대사 정립 2) 에 의하면

> 진(秦) 말기(末期)<BC 209 ~ BC 207년>, 고죽국요수(孤竹國遼水)와 연요동(燕遼東)
> ➡ 패수(浿水) ➡ 만리장성동단(萬里長城東端)과 진요동(秦遼東) ➡ 패수(沛水) ➡
> 요동외요(遼東外徼)가 서쪽에서 동쪽 방향으로 위치한다.

당태종(唐太宗)〈재위; AD 626 ~ 649년〉 시기로 정리해보면 다음과 같다.

1) 고죽국요수(孤竹國遼水)와 연요동(燕遼東)은 유수(濡水)[36]와 당(唐) 평주(平州) 노룡현(盧龍縣)으로 승계되었다.

2) [고조선 패수(浿水)]는 당(唐) 평주(平州) 노룡현(盧龍縣)에 위치한 당장성동단(唐長城東端) 동쪽 관문인 유림관(楡林關) 동쪽에 인접해 있다.

3) 진요동(秦遼東) 남부 지역 중 만리장성동단(萬里長城東端) 일대는 고구려(高句麗)의 영토이다.

4) 진요동(秦遼東) 북부 지역 중 의무려산(醫巫閭山) 서쪽에 당(唐) 영주(營州)가 위치
한다.

5) 진(秦)과 고조선(古朝鮮) 간 국경이었던 패수(沛水)는 대요수(大遼水)로 개칭되었다.

6) 패수(沛水) 동쪽 요동외요(遼東外徼)가 위치한 곳은 한요동(漢遼東)이 되었다.

당태종(唐太宗)〈재위; AD 626 ～ 649년〉 시기, 유수(濡水)와 당(唐) 평주(平州) 노룡
현(盧龍縣) ➡ 패수(浿水) ➡ 만리장성동단(萬里長城東端)과 당(唐) 영주(營州) ➡ 대요수(大
遼水) ➡ 한요동(漢遼東)이 서쪽에서 동쪽 방향으로 위치한다.

> **중국의 동북아고대사 정립 4)**
>
> 당태종(唐太宗)<재위; AD 626 ~ 649년> 시기, 유수(濡水)와 당(唐) 평주(平州)
>
> 노룡현(盧龍縣) ➡ 패수(浿水) ➡ 만리장성동단(萬里長城東端)과 당(唐) 영주(營州)
>
> ➡ 대요수(大遼水) ➡ 한요동(漢遼東)이 서쪽에서 동쪽 방향으로 위치한다.

당태종(唐太宗) 시기, 패수(浿水)와 대요수(大遼水) 간 진요동(秦遼東)을 당(唐)과 고구
려(高句麗)가 나누어 지배하고 있었다.

영주(營州) 일대에는 해(奚) 등 당(唐)의 간접적인 지배를 받는 이민족(異民族)이 거주
했으며, 한족(漢族)은 패수(浿水) 서쪽 당장성(唐長城) 내에 거주했다.

당(唐)의 실질적인 동쪽 국경은 [고조선 패수(浿水)]였던 것이다.

이민족(異民族)은 중국의 용어로 한족(漢族)을 제외한 모든 종족에 대한 통칭이다.

고구려(高句麗)에서 회군하는 당태종(唐太宗)을 마중 나간 당(唐)의 태자 또한 당(唐)
영주(營州) 유성현(柳城縣)이 아니라 당장성(唐長城) 내 당(唐) 평주(平州) 노룡현(盧龍縣)
에서 황제를 기다렸다.

당장성(唐長城) 밖은 이민족(異民族)의 영역으로 당(唐)의 태자도 대군을 이끌지 않
고 당장성(唐長城) 밖으로 나가면 위험에 노출될 수 있었다.

동북아고대사의 올바른 이론체계

BC 107년, 고조선(古朝鮮)을 멸망시킨 한(漢)은 연장성(燕長城) 밖에도 군현을 설치하여 한족(漢族)이 거주하게 하였다.

그 결과, 고조선(古朝鮮)을 승계한 고구려(高句麗)는 고조선(古朝鮮)의 영토를 수복하기 위해 연장성(燕長城) 밖 [고조선 패수(浿水)] 동쪽에 위치한 패수(沛水), 즉 대요수(大遼水) 유역의 한족(漢族)과 치열한 쟁투를 벌였다.

광개토대왕(廣開土大王)〈재위; AD 391 ~ 412년〉 시기에 이르러 고구려(高句麗)는 결국 대요수(大遼水), 즉 패수(沛水) 유역을 완전히 장악했으며, 한족(漢族)은 [고조선 패수(浿水)] 서쪽 당장성(唐長城) 내에서만 거주할 수 있었다.

고조선(古朝鮮)을 승계한 고구려(高句麗)가 결국 한족(漢族)을 [고조선 패수(浿水)] 서쪽으로 밀어낸 것이다.

고구려(高句麗)가 건국되어 한족(漢族)을 [고조선 패수(浿水)] 서쪽으로 밀어낸 과정은 중국의 정사서(正史書)와 삼국사기(三國史記)에 고스란히 기록되어 있다.

[고대 한국]의 역사를 밝히는데 사료가 부족하다는 일부 학자들의 말은 거짓이며, 정사서(正史書)의 기록만으로도 충분히 동북아고대사를 정립할 수 있다.

결론적으로 조선(朝鮮)이라는 국명이 고려(高麗)로 바뀌었을 뿐, 고구려(高句麗)는 고조선(古朝鮮) 그 자체이다.

BC 2333년에 시작된 조선(朝鮮)은 3,000년이 지난 AD 668년에 이르러서야 비로소 당(唐), 즉 중국에 의해 멸망한 것이다.

당(唐)은 역사 왜곡으로 [고대 한국]의 대요수(大遼水) 유역 역사를 지워버렸으며, 동북아시아 역사를 배우려는 21세기 세계인들조차 바보로 만들고 있다.

비록 3,000년 역사의 [고대 한국]은 멸망했지만 그 고대사는 한국인의 것이다.

부디 이 책을 끝까지 읽고 진짜 동북아고대사에 눈을 뜨기 바란다.

3. 진개(秦開)의 동정(東征) 이전, 연(燕) 동쪽 국경 = 요수(遼水)

중국 역사상 최초의 요수(遼水)는 염철론(鹽鐵論) 험고(險固) 편(篇)에 기록된 연(燕) 동쪽 국경인 요수(遼水)이다.

연(燕) 동쪽 국경이 요수(遼水)였을 때인 BC 344년, 소진(蘇秦)은 연(燕)을 방문하여 연문후(燕文侯)를 만났다.

사기(史記) 소진열전(蘇秦列傳)에 의하면

> 燕東有朝鮮 遼東 北有林胡 樓煩 西有雲中 九原 南有嘑沱 易水
> 연(燕) 동쪽에는 조선(朝鮮)과 요동(遼東), 북쪽에는 임호(林胡)와 누번(樓煩), 서쪽에는 운중(雲中)과 구원(九原), 남쪽에는 호타(嘑沱)와 역수(易水)가 있다.

소진(蘇秦)은 연문후(燕文侯)에게 연(燕)의 주변을 설명하면서 동쪽은 국명인 조선(朝鮮)과 지명인 요동(遼東)을 섞어서 언급했다.

소진(蘇秦)은 '연(燕) 동쪽에 요동(遼東)이 있다'고 했다.

연(燕) 동쪽 국경인 요수(遼水) 동쪽에 접해 있는 중국 역사상 최초의 요동(遼東)이다.

그리고 소진(蘇秦)은 '연(燕) 동쪽에 조선(朝鮮)이 있다'고 했다.

중국 역사상 최초의 요동(遼東) 동쪽에 조선(朝鮮)이 접해 있는 것이다.

따라서 소진(蘇秦)이 언급한 요동(遼東)은 연(燕) 동쪽 국경인 요수(遼水)와 고조선(古朝鮮) 서쪽 국경인 패수(浿水) 사이 연요동(燕遼東)을 지칭하고 있다.

[중국 고유 영토의 동북방 한계]인 [고죽국(孤竹國) 영토]가 패수(浿水) 서쪽에 접해 있는 연요동(燕遼東)으로 승계되었다는 역사적 사실은 이토록 명백하다.

연(燕) 동쪽 국경인 요수(遼水) ➡ [고죽국(孤竹國) 영토]를 승계한 연요동(燕遼東) ➡ 고조선(古朝鮮) 서쪽 국경인 패수(浿水)가 서쪽에서 동쪽 방향으로 위치한다.

4. 진개(秦開)의 동정(東征) 이후, 연(燕) 동쪽 국경 = 패수(浿水)

BC 4세기 말, 연(燕)은 장수 진개(秦開)를 보내 패수(浿水)가 서쪽 국경인 고조선(古朝鮮)을 침공했으며, 고조선(古朝鮮)을 패수(沛水)까지 밀어냈다.

요수(遼水)와 요동(遼東)이 중국의 영토를 암시하는 중국의 용어인 반면, 패수(浿水)와 패수(沛水)는 [고대 한국]의 영토를 암시하는 한국의 용어이다.

용어만 살펴 보아도 패수(浿水)와 패수(沛水) 사이 땅은 고조선(古朝鮮)의 영토이다.

사마천(司馬遷)은 사기(史記)에 패수(浿水)와 패수(沛水) 사이 [진요동(秦遼東) 고조선(古朝鮮)]을 진번조선(眞番朝鮮)[37]으로 기록했다.

BC 4세기 말, [진요동(秦遼東) 고조선(古朝鮮) 사람들]은 한반도로 이주했다.

[진요동(秦遼東) 고조선(古朝鮮) 사람들]은 단군조선연맹[38]의 구성국이었지만 고조선연맹에는 속하지 않던 [단군조선 한(韓)][39]을 멸망시키고, 한반도 북부 지역에 진번조선(眞番朝鮮)을 재건했다.

진개(秦開)의 동정(東征)은 하나의 문명권 내에서 벌어진 내전이 아니라 황하문명(黃河文明)이 요하문명(遼河文明)[40]을 도발한 역사적 사건이다.

농지를 포기하기 쉽지 않은 농경민인 [진요동(秦遼東) 고조선(古朝鮮) 사람들]이 집단 이주를 선택한 이유는 한마디로 문화 충격이다.

언어와 문화가 전혀 다른 이질적인 문명의 지배는 받아들이기 쉬운 일이 아니기 때문에 진번조선(眞番朝鮮) 사람들은 이주를 선택한 것이다.

진번조선(眞番朝鮮) 사람들이 사라지고 진요동(秦遼東)이 공지(空地)가 되면서 연(燕)은 패수(浿水)에 인접한 곳까지 편안하게 연장성(燕長城)을 축성할 수 있었다.

BC 300년경, 연(燕)은 연장성동단(燕長城東端)에 연(燕) 요동군(遼東郡) 양평현(襄平縣)을 설치했다.

[한중일 학계의 통설]에 의하면 연요동(燕遼東)과 한요동(漢遼東)은 동일한 위치이다.

[탐구 1]	연요동(燕遼東)과 한요동(漢遼東)의 위치
학계의 통설	동일한 위치
역사적 사실	연요동(燕遼東)은 한요동(漢遼東) 서쪽에 멀리 떨어져 있다.

하지만 진수(陳壽)〈AD 233 ~ 297년〉는 삼국지(三國志)에 연요동(燕遼東)은 한요동(漢遼東) 서쪽에 멀리 떨어져 있다는 기록을 남겼다.

삼국지(三國志) 위서동이전(魏書東夷傳)에 의하면

> 燕乃遣將秦開攻其西方 取地二千餘里 至滿番汗爲界 朝鮮遂弱
> 연(燕)의 장수 진개(秦開)가 고조선(古朝鮮)의 서방(西方) 땅을 공격하여 2,000여
> 리(里)를 빼앗았으며, 만번한(滿番汗)을 경계로 삼으니 고조선(古朝鮮)이 약해졌다.

우선 진수(陳壽)는 '고조선(古朝鮮)의 영토는 방수천리(方數千里)'라는 사기(史記)의 기록이 역사적 사실임을 확인시켜 주었다.

방수천리(方數千里)는 동서와 남북의 거리가 각각 수천 리(里)임을 의미한다.

중국역사지명대사전에 의하면 후한(後漢)의 기준척(基準尺)으로 1리(里)는 414.72m이므로 2,000리(里)는 829.4km〈2,000 X 414.72m〉이다.

한(漢) 요동군(遼東郡) 만번한(滿番汗)의 패수(沛水)에서 서쪽으로 829.4km의 고대 거리가 진개(秦開)가 빼앗은 고조선(古朝鮮)의 서방 땅이라는 기록이다.

한서지리지(漢書地理志) 요동군(遼東郡) 편(篇)에 의하면

> 番汗 沛水出塞外 西南入海
> 번한현(番汗縣), 패수(沛水)가 새(塞) 밖에서 들어와 서남쪽으로 흘러 입해(入海)한다.

만번한(滿番汗)의 패수(沛水)는 한(漢) 요동군(遼東郡)에서 흐르는 [번한현(番汗縣) 패수(沛水)]이다.

진개(秦開)의 동정(東征) 이전, 연(燕) 동쪽 국경은 연(燕) 요동군(遼東郡) 서부 지역에서 흐르는 요수(遼水)이다.

반면, [번한현(番汗縣) 패수(沛水)]는 한(漢) 요동군(遼東郡) 동부 지역에서 흐르는 하천이다.

연요동(燕遼東)과 한요동(漢遼東)이 동일한 요동(遼東)이라면 요동군(遼東郡)의 서부 지역에서 흐르는 하천과 요동군(遼東郡)의 동부 지역에서 흐르는 하천 간 거리가 829.4km라는 말도 안되는 결론에 도달한다.

따라서 연요동(燕遼東)과 한요동(漢遼東)이 동일한 요동(遼東)이라는 [한중일 학계의 통설]은 명백하게 역사적 사실이 아니다.

연(燕) 요동군(遼東郡) 양평현(襄平縣)과 한(漢) 요동군(遼東郡) 양평현(襄平縣)은 서로 수백km 떨어져 있는 것이다.

숫자는 거짓말을 하지 않는다.

829.4km의 거리를 보면서도 '연요동(燕遼東)과 한요동(漢遼東)은 동일한 위치'라는 [한중일 학계의 통설]이 옳다는 생각을 굽히지 않는다면 [상식이 통하지 않는 역사 교과서]의 맹목적인 추종자일 뿐이다.

연요동(燕遼東)은 한요동(漢遼東) 서쪽에 멀리 떨어져 있으며, [연요동(燕遼東) 요수(遼水)]도 [한요동(漢遼東) 대요수(大遼水)] 서쪽에 멀리 떨어져 있다.

또한 연요동(燕遼東)은 중국의 영토지만, 한요동(漢遼東)은 [고대 한국]의 영토이다.

이 지점에서 '당(唐) 영주(營州) 동쪽에 위치한 패수(沛水)는 대요수(大遼水)'라는 지난 글을 기억하는 사람은 다시 의문을 갖을 것이다.

1) 본래의 패수(沛水)와 [번한현(番汗縣) 패수(沛水)]는 동일한 패수(沛水)인가?

– 아니다. 본래의 패수(沛水)는 대요수(大遼水)로 개칭되었다.

2) [번한현(番汗縣) 패수(沛水)]는 [한요동(漢遼東) 대요수(大遼水)] 동쪽에서 흐르는 하천인가?

　– 그렇다. 대요수(大遼水)는 한요동(漢遼東) 서부 지역에서 흐르는 하천이고, [번한현(番汗縣) 패수(沛水)]는 한요동(漢遼東) 동부 지역에서 흐르는 하천이다.

3) 본래의 패수(沛水)가 대요수(大遼水)로 개칭된 이유는 기존의 요수(遼水)와 구분하기 위함인가?

　– 그렇다. 하지만 요수(遼水)가 곧 유수(濡水)로 개칭되면서 대요수(大遼水)는 대(大)가 생략되어 요수(遼水)로 불리었다.

요수(遼水) ➡ [고조선 패수(浿水)] ➡ 진요동(秦遼東) ➡ 패수(沛水)에서 개칭된 대요수(大遼水) ➡ [번한현(番汗縣) 패수(沛水)]가 서쪽에서 동쪽 방향으로 위치한다.

진개(秦開)의 동정(東征)으로 고조선(古朝鮮) 서쪽 국경은 [고조선 패수(浿水)] 동쪽에 위치한 대요수(大遼水)로 바뀌었다.

하지만 [한중일 학계의 통설]에 의하면 [고조선 패수(浿水)]는 대요수(大遼水) 동쪽에 위치한다.

[탐구 2]	패수(浿水)와 대요수(大遼水) 간 상관관계
학계의 통설	[고조선 패수(浿水)]는 대요수(大遼水) 동쪽에 위치한다.
역사적 사실	[고조선 패수(浿水)]는 대요수(大遼水) 서쪽에 위치한다.

'[고조선 패수(浿水)]는 대요수(大遼水) 동쪽에 위치한다'는 [한중일 학계의 통설]이 역사적 사실이라면 대요수(大遼水) 유역을 영토로 편입한 고구려(髙句麗)는 중국의 고유 영토를 빼앗은 것이다.

반면, [고조선 패수(浿水)]가 대요수(大遼水) 서쪽에 위치한다면 고구려(髙句麗)는 고조선(古朝鮮)의 영토인 대요수(大遼水) 유역을 수복한 것이다.

결론적으로 고구려(髙句麗)는 중국의 고유 영토를 고구려(髙句麗)의 영토로 편입한 역사가 없다.

[고조선 패수(浿水)]는 연요동(燕遼東)과 진요동(秦遼東) 사이에 위치하며, 고구려(高句麗)는 단지 패수(沛水)에서 개칭된 대요수(大遼水) 유역의 진요동(秦遼東)과 한요동(漢遼東)을 수복했다.

요수(遼水) ➡ 연요동(燕遼東) ➡ [고조선 패수(浿水)] ➡ 진요동(秦遼東) ➡ 패수(沛水) ➡ 한요동(漢遼東)이 서쪽에서 동쪽 방향으로 위치한다.

패수(沛水)와 한요동(漢遼東)은 서로 어울리는 하천명과 행정명이 아니다.

한(漢)은 패수(沛水)를 한요동(漢遼東)에 어울리는 대요수(大遼水)로 개칭했다.

요수(遼水) ➡ 연요동(燕遼東) ➡ [고조선 패수(浿水)] ➡ 진요동(秦遼東) ➡ 대요수(大遼水) ➡ 한요동(漢遼東)이 서쪽에서 동쪽 방향으로 위치한다.

중국의 첫 번째 요동(遼東)인 연요동(燕遼東)이 한(漢) 요서군(遼西郡) 서부 지역이 되면서 요수(遼水) 또한 행정명과 어울리지 않는 하천명이 되었다.

한(漢)은 요수(遼水)를 유수(濡水)로 개칭했다.

요수(遼水)가 유수(濡水)로 개칭되고 대요수(大遼水)만 남게 되자 사람들은 대(大)를 생략하여 대요수(大遼水)를 요수(遼水)라 칭했던 것이다.

유수(濡水) ➡ 연요동(燕遼東) ➡ [고조선 패수(浿水)] ➡ 진요동(秦遼東) ➡ 대요수(大遼水) ➡ 한요동(漢遼東)이 서쪽에서 동쪽 방향으로 위치한다.

중국의 동북아고대사 정립 5)

유수(濡水) ➡ 연요동(燕遼東) ➡ [고조선 패수(浿水)] ➡ 진요동(秦遼東) ➡ 대요수(大遼水) ➡ 한요동(漢遼東)이 서쪽에서 동쪽 방향으로 위치한다.

비록 정사서(正史書)에는 요수(遼水)로 기록되어 있지만 고구려(高句麗)는 [고조선

패수(浿水)] 동쪽 대요수(大遼水) 유역을 점유한 것이지 [고조선 패수(浿水)] 서쪽 요수(遼水)에서 개칭된 유수(濡水) 유역을 점유한 것이 아니다.

하지만 본래의 요수(遼水)와 대요수(大遼水)의 약칭인 요수(遼水)를 구분하지 못하는 학자들이 생겨났다.

수서(隋書) 배구열전(裵矩列傳)에 의하면 배구(裵矩)는 '고구려(高句麗)가 [고죽국(孤竹國) 영토]를 차지했다'고 주장하며 수양제(隋煬帝)를 선동해 고구려(高句麗)와 전쟁을 벌이게 했다.

요수(遼水)와 대요수(大遼水)를 구분하지 못한 배구(裵矩)는 고구려(高句麗)가 점유한 대요수(大遼水) 유역을 [고죽국(孤竹國) 영토]로 착각한 것이다.

배구(裵矩)의 잘못된 역사 지식은 구당서(舊唐書), 신당서(新唐書), 삼국사기(三國史記), 삼국유사(三國遺事) 등에 반영되었으며, 요수(遼水)와 대요수(大遼水)를 구분하지 못하는 학자들이 늘어났다.

동북아고대사를 연구하는 학자가 연요동(燕遼東)과 한요동(漢遼東)을 구분하지 못해 요수(遼水)와 대요수(大遼水)를 구분하지 못한다면 정사서(正史書)의 1차 사료를 제대로 연구하지 못했다는 방증이다.

고구려(高句麗)의 요동(遼東)과 요수(遼水)는 중국이 고조선(古朝鮮)의 영토 내에 새겨 놓은 한요동(漢遼東)과 대요수(大遼水)이다.

결국 고구려(高句麗)는 국명만 다르지 그 자체가 고조선(古朝鮮)이며, 영토 또한 고조선(古朝鮮)과 거의 일치한다.

고구려(高句麗)는 농경 국가로 영토에 비해 인구가 적었기 때문에 농지가 충분하여 타국의 영토를 탐낼 이유가 없었다.

더불어 고구려(高句麗)가 백제(百濟)와 신라(新羅)를 병합하지 않은 이유는 백제(百濟)와 신라(新羅)의 거점이 고조선(古朝鮮)의 영토가 아니었기 때문이다.

반면, 고구려(高句麗)는 삼한(三韓) 중 변한(弁韓)을 병합했는데, 만주에 위치한 변한(弁韓)의 영토는 본래 고조선(古朝鮮)의 영토였다.

[동북아고대사정립 5권]에 논증되어 있다.

고구려(高句麗)는 요하문명(遼河文明)의 독자적인 세계관을 가진 농경 국가이므로 중국의 중원(中原)을 도모할 이유가 없었다.

그런 고구려(高句麗)를 멸망시킨 중국은 고구려(高句麗) 대신 대요수(大遼水) 유역을 장악한 거란족의 요(遼)와 여진족의 금(金)에 의해 대가를 혹독하게 치렀다.

중국이 장성(長城) 밖의 세계에 개입하지 않고 황하문명권과 요하문명권이 선의의 경쟁을 펼쳤다면 동북아시아는 실제 역사보다 조금 더 평화스러웠을 것이다.

맹자(孟子) 고자(告子) 편(篇)에 의하면 예맥족(濊貊族)의 세금은 중국에 비해 현저하게 낮았는데, 예맥족(濊貊族)의 단군조선(檀君朝鮮)이 관료와 군인의 수를 최소화할 수 있는 신정(theocracy)으로 국가를 운영한 역사를 계승했기 때문이다.

그런 예맥족(濊貊族)의 단군조선(檀君朝鮮)을 승계한 고구려(高句麗)는 태생적으로 평화를 지향하고 팽창주의를 추구하지 않는 나라였다.

고구려(高句麗)의 전쟁은 대부분 고조선(古朝鮮)의 영토를 수복하고 예맥족(濊貊族)을 통합하기 위한 통일 전쟁이었다.

고조선(古朝鮮) 및 고구려(高句麗)는 [고대 한국]이며, 지금의 한국 그 자체는 아니다.

3,000년 역사의 [고대 한국]을 승계한 한국의 두 번째 국가는 통일신라(Unified Silla) ➡ 고려(Korea) ➡ 조선(Joseon)으로 이어지는 지금의 한국이며, 고구려(高句麗) 멸망과 동시에 AD 668년에 시작되었다는 것이 필자의 생각이다.

고조선(古朝鮮)은 중국의 침략으로 중간에 잠시 멸망했지만 고구려(高句麗)로 재건되었다.

지금의 한국 또한 일본의 침략으로 중간에 잠시 멸망했지만 역시 재건되었다.

한국 시민들은 역사에서 교훈을 얻어야 한다.

낙랑조선(樂浪朝鮮)이 멸망하기 직전 왕험성(王險城)의 성문을 열어준 사람들은 높은 지위의 낙랑조선인(樂浪朝鮮人)이다.

고구려(高句麗)가 멸망하기 직전 보장왕평양성(寶臧王平壤城)[41]의 성문을 열어준 사람들 또한 높은 지위의 고구려인(高句麗人)이다.

조선(Joseon)을 일본에 팔아먹은 사람들 또한 높은 지위의 조선인이다.

올바른 역사관이 형성되지 않은 사람에게 높은 지위를 허용해서는 안 된다.

조국을 저버리고 개인의 영달을 위해 대세만 좇는 사람들을 높은 지위에서 배제하는 방법은 그들이 제대로 된 역사 공부를 통해 올바른 역사관으로 무장하고 있는지 끊임없이 검증하는 것이다.

강대국일수록 역사 교육에 심혈을 기울이는 이유는 올바른 역사관을 바탕으로 조국을 배신하지 않는 국민을 양성하기 위함이다.

[고죽국(孤竹國) 영토]에서 흐르는 유수(濡水)가 [연요동(燕遼東) 요수(遼水)]라는 필자의 단언에 여전히 의문을 품는 독자들이 있을 것이다.

[중국 고유 영토의 동북방 한계]인 연요동(燕遼東)과 [고조선 패수(浿水)]에 대해 조금 더 알아보자.

사기(史記) 봉선서(封禪書)에 의하면 BC 651년, 중국의 패자가 된 제환공(齊桓公)은 제후들을 모아놓고 봉선(封禪)의 일을 의논하는 도중 '북쪽으로는 산융(山戎)을 토벌하였고 고죽(孤竹)의 땅을 통과했다'며 본인의 북벌을 자랑했다.

'BC 664년, 제환공(齊桓公)이 통과한 [고죽국(孤竹國) 영토]가 한(漢) 요서군(遼西郡) 서부 지역이 되었다'는 역사적 사실을 부정할 학자는 없다.

유향(劉向)이 편찬한 설원(說苑) 변물(辨物) 편(篇)에 의하면 [고죽국(孤竹國) 영토]를 토벌할 당시 제환공(齊桓公)은 싸움에 질 것을 두려워할 만큼 고생했다.

그러한 [고죽국(孤竹國) 영토]가 고조선(古朝鮮) 멸망 후, 한(漢) 요서군(遼西郡) 서부 지역일 뿐이다.

제환공(齊桓公)의 한계가 보이는 이러한 역사적 사실은 무엇을 의미하는가?

'[한(漢) 요서군(遼西郡) 동부 지역 + 한(漢) 요동군(遼東郡)]은 고조선(古朝鮮)의 영토였다'는 역사적 사실을 의미한다.

[고조선 패수(浿水)]는 한(漢) 요서군(遼西郡) 서부 지역과 동부 지역 간 경계이다.

사마천(司馬遷)은 사기(史記)에 [고조선 패수(浿水)] 서쪽에 요동고새(遼東故塞)가 인접해 있다고 기록하여 [고조선 패수(浿水)] 서쪽은 연요동(燕遼東)이라는 역사적 사실을 간접적으로 알려주었다.

요동고새(遼東故塞)는 연요동(燕遼東) 북쪽 산악지대에서 남쪽 창해(滄海) 바다를 향해 축성된 요동새(遼東塞)였는데, 진시황(秦始皇)이 동쪽으로 내지(內地)를 확장하면서 요동고새(遼東故塞)로 명칭이 바뀌었다.

'연요동(燕遼東) 동쪽에 진시황(秦始皇)의 진요동(秦遼東)이 있다'는 역사적 사실을 부정할 학자는 없다.

'패수(浿水) 동쪽에 패수(沛水)가 있고 연장성동단(燕長城東端) 동쪽에 만리장성동단(萬里長城東端)이 있다'는 것도 명백하다.

염철론(鹽鐵論) 주진(誅秦) 편(篇)에 의하면

秦旣幷天下 東絶沛水 幷滅朝鮮 漢興 爲其遠難守 複修遼東故塞 至浿水爲界

진(秦)이 천하(天下)를 병탄(幷呑)한 후, 동쪽으로 패수(沛水)를 건너 조선(朝鮮)을 멸(滅)하여 병탄(幷呑)하였다.

진시황(秦始皇)의 진(秦)은 패수(浿水)와 패수(沛水) 사이 진요동(秦遼東)에 만리장성동단(萬里長城東端)을 축성하고 진(秦) 요동군(遼東郡)을 설치한 후, 동쪽으로 패수(沛水)를 건너 고조선(古朝鮮)을 침공했다.

그 결과, 진(秦)은 패수(沛水) 동쪽에 요동외요(遼東外徼)를 설치했으며, 진(秦)의 군대는 고조선(古朝鮮)의 영토 내에서 고조선(古朝鮮)의 군대와 대치 상태가 되었다.

훗날 고조선(古朝鮮)을 멸망시킨 한무제(漢武帝)는 진(秦)이 설치했던 요동외요(遼東外徼)에 한(漢) 요동군(遼東郡)을 설치했다.

진시황(秦始皇)의 군대가 고조선(古朝鮮)을 침략하기 위해 동쪽으로 넘은 패수(沛水)는 진요동(秦遼東) 동쪽 경계로 만리장성동단(萬里長城東端) 동쪽에 위치한다.

따라서 패수(沛水), 즉 대요수(大遼水)가 흐르는 한요동(漢遼東)은 진요동(秦遼東) 동쪽에 위치해야 한다.

[연요동(燕遼東) 요수(遼水)] 동쪽에 위치한 [고조선 패수(浿水)]가 [한요동(漢遼東) 대요수(大遼水)] 서쪽에 위치한다는 역사적 사실은 이토록 명백한 것이다.

하지만 대(大)가 생략된 요수(遼水)로 인해 중국인과 한국인은 착각을 하게 된다.

중국인이 하게 되는 착각은 '고구려(高句麗)의 대요수(大遼水) 유역은 요수(遼水) 유역으로 본래 중국의 고유 영토'라는 것이다.

한국인이 하게 되는 착각은 '중국의 요수(遼水) 유역은 고구려(高句麗)의 대요수(大遼水) 유역으로 본래 [고대 한국]의 고유 영토'라는 것이다.

대요수(大遼水) 유역에는 한요동(漢遼東)뿐만 아니라 낙랑(樂浪) 땅도 위치한다는 역사적 사실이 알려지면 중국인의 착각은 사라질 것이다.

더불어 요수(遼水) 유역은 당장성(唐長城) 내의 노룡현(盧龍縣) 땅이라는 역사적 사실이 알려지면 한국인의 착각도 사라질 것이다.

당(唐)의 역사 왜곡에 속아 '한반도 대동강 유역에 고조선(古朝鮮) 수도 왕험성(王險城)이 위치한다'고 믿는 것은 그럴 수 있다.

하지만 '방수천리(方數千里) 국가의 서쪽 국경인 [고조선 패수(浿水)]는 고조선(古朝鮮) 수도 왕험성(王險城)이 있는 낙랑(樂浪) 땅에 도저히 위치할 수 없다'.

'고조선(古朝鮮)은 방수천리(方數千里) 국가'라는 사기(史記)의 기록과 '진개(秦開)의 동정(東征)으로 고조선(古朝鮮)이 서방 땅을 상실했다'는 삼국지(三國志)의 기록을 무시하고 '고조선(古朝鮮)은 본래 소국(小國)'이라 생각한 사람만이 왕험성(王險城)이 인접한 곳에 [고조선 패수(浿水)]가 흐른다는 상식 밖의 생각을 할 수 있는 것이다.

'연요동(燕遼東)과 한요동(漢遼東)은 위치가 같고, 한(漢) 낙랑군(樂浪郡)은 진요동(秦遼東)에 접해 있다'는 명(明)의 역사 왜곡에 속아 '만리장성동단(萬里長城東端)은 한(漢) 낙랑군(樂浪郡)과 인접한 곳에 위치한다'고 주장하는 것은 그럴 수 있다.

하지만 '만리장성동단(萬里長城東端)이 위치한 곳은 한(漢) 낙랑군(樂浪郡)의 영토이다'라는 명제는 상식 밖의 주장이다.

진(秦)은 진고공지(秦故空地), 즉 진요동(秦遼東)까지 만리장성(萬里長城)을 축성한 후에 고조선(古朝鮮)을 침공했으며, 만리장성(萬里長城)은 낙랑(樂浪)이 아니라 요동(遼東)까지 축성되었다고 정사서(正史書)에 분명하게 기록되어 있다.

따라서 '한(漢) 낙랑군(樂浪郡) 내에 만리장성동단(萬里長城東端)이 위치한다'는 주장은 정사서(正史書)의 1차 사료 기록을 부정하는 학술적이지 않은 주장이다.

'만리장성동단(萬里長城東端)이 위치한 곳은 한(漢) 낙랑군(樂浪郡)의 영토이다' 등의 학술적이지 않은 주장들이 한국에서 제기되면 동북공정을 진행한 [중국 학계]는 한국의 역사학 수준을 우습게 보고 더 과감한 역사 왜곡을 시도할 것이다.

정사서(正史書)의 1차 사료에 의하면 만리장성동단(萬里長城東端)이 위치한 곳은 무조건 진고공지(秦故空地), 즉 진요동(秦遼東)이다.

따라서 '낙랑군(樂浪郡) 수성현(遂城縣)[42]에 만리장성동단(萬里長城東端)이 위치한다' 는 기록이 보이면 그러한 조건의 수성현(遂城縣)은 100% 만리장성동단(萬里長城東端) 이 위치한 진요동(秦遼東)에 새로이 설치된 현(縣)이다.

당(唐)과 명(明)의 역사 왜곡을 극복하지 못하더라도 정사서(正史書)의 1차 사료를 중심으로 역사를 연구하면 혼하패수설(渾河浿水說)에는 도달한다.

비록 혼하패수설(渾河浿水說) 또한 역사적 사실은 아니지만 '혼하(Hun River)와 한반 도 압록강 사이가 진고공지(秦故空地)이고, 한반도 평안북도는 요동외요(遼東外徼)이 며, 평안남도에 고조선(古朝鮮) 수도 왕험성(王險城)이 위치한다'는 논리적 사고의 결 과물이므로 과도기 학설로 의미가 있다.

한서지리지(漢書地理志) 요서군(遼西郡) 편(篇)에 의하면 작은 하천은 48개로 모두 합 쳐 3,416리(里)를 흐른다고 기록되어 있다.

지금의 어느 하천인지 특정할 수 없지만, 한(漢) 요서군(遼西郡)의 48개 작은 하천 중 하나가 [고조선 패수(浿水)]이다.

중국의 동북아고대사 정립 6)

한서지리지(漢書地理志) 요서군(遼西郡) 편(篇)에 기록된 한(漢) 요서군(遼西郡)의 영토 내에서 흐르는 48개 작은 하천 중 하나가 중국과 한국 간 최초의 국경인 [고조선 패수(浿水)]이다.

하천이 48개나 된다고 [고조선 패수(浿水)]를 찾을 수 없는 것은 아니다.

[고조선 패수(浿水)] 서쪽 인접한 곳에 연장성(燕長城)의 요동고새(遼東故塞)가 위치 하므로 면밀한 유적지 조사가 가능하다면 찾을 수 있다.

진시황(秦始皇)이 [고조선 패수(浿水)] 동쪽에 만리장성(萬里長城)을 축성하고 진(秦) 요동군(遼東郡)을 설치했지만, 고조선(古朝鮮)이 반격하여 [고조선 패수(浿水)]까지 진 요동(秦遼東)을 수복해 버렸다.

이후, 중국의 영토 내에는 [고조선 패수(浿水)] 서쪽 연요동(燕遼東)만 남게 된다.

진(秦)을 멸망시킨 항우(項羽)는 중국의 동북방 한계에 요동국(遼東國)을 세웠는데, 요동국(遼東國)의 도읍은 한(漢) 우북평군(右北平郡) 영토 내의 무종(無終)이다.

연요동(燕遼東)은 무종(無終)이 도읍인 요동국(遼東國)의 동부 지역이 되었다.

연요동(燕遼東)이 협소하기 때문에 항우(項羽)는 연요동(燕遼東)과 한(漢) 우북평군(右北平郡)의 땅을 합쳐 요동국(遼東國)을 세울 수밖에 없었다.

요동국(遼東國) 서쪽에는 계성(薊城)이 도읍인 연국(燕國)이 위치했다.

전국칠웅(戰國七雄) 중 하나인 연(燕)의 수도 계성(薊城)은 하북성 보정시에 위치했으며, 그에 관한 논증은 [동북아고대사정립 3권]에서 확인하기 바란다.

[고조선 패수(浿水)] 동쪽 방수천리(方數千里) 국가인 고조선(古朝鮮)이 멸망했다.

한(漢)에 의해 행정구역이 개편되면서 요동국(遼東國)의 도읍인 무종(無終)은 한(漢) 우북평군(右北平郡)의 속현이 되었다.

또한 연요동(燕遼東)은 한(漢) 요서군(遼西郡) 서부 지역이 되었다.

그렇다면 [한(漢) 요서군(遼西郡) 동부 지역과 한(漢) 요동군(遼東郡)]은 어디에 설치되었을까?

한(漢)이 방수천리(方數千里)의 식민지를 놔두고 단독으로 요동국(遼東國)을 세우지 못할 만큼 협소한 연요동(燕遼東)을 쪼개어 [한(漢) 요서군(遼西郡) 동부 지역과 한(漢) 요동군(遼東郡)]을 설치하는 상식 밖의 행정구역 개편을 했을 리 없지 않은가?

게다가 [고조선 패수(浿水)] 동쪽 진요동(秦遼東)은 진(秦)이 요동군(遼東郡)이라는 정식 군현을 설치한 적이 있는 지역이다.

[한(漢) 요서군(遼西郡) 동부 지역 + 한(漢) 요동군(遼東郡)]은 당연히 [고조선 패수(浿

水)] 동쪽 고조선(古朝鮮)의 영토 내에 위치한다.

　정사서(正史書)의 1차 사료를 오직 논리적 사고만으로 정상적으로 연구하면 동북아고대사의 역사적 사실은 모두 설명이 된다.

　그런 목적으로 정사서(正史書)를 남긴 것이니 당연하다.

　후대 사람들이 기록을 오인하거나 역사 왜곡으로 인해 문제가 생기는 것이며, 필자의 분석 결과 정사서(正史書)의 1차 사료에는 문제가 없었다.

　정리하면 [고조선 패수(浿水)] 서쪽 연요동(燕遼東)은 한(漢) 요서군(遼西郡) 서부 지역이 되었고, [고조선 패수(浿水)] 동쪽 진고공지(秦故空地), 즉 진요동(秦遼東)은 한(漢) 요서군(遼西郡) 동부 지역이 되었다.

　또한 진고공지(秦故空地) 동쪽 요동외요(遼東外徼)는 한(漢) 요동군(遼東郡)이 되었다.

　한(漢) 요서군(遼西郡) 서부 지역과 동부 지역 사이에 놓이게 된 [고조선 패수(浿水)]는 어떻게 되었겠는가?

　[고조선 패수(浿水)]는 하천명이 개칭된 후, 한(漢) 요서군(遼西郡)의 48개 작은 하천 중 하나가 되어 잊혀졌다.

　연요동(燕遼東)과 진요동(秦遼東) 서부 지역이 합쳐진 한(漢) 요서군(遼西郡)의 하천이 된 요수(遼水)는 요동군(遼東郡)에는 어울리는 하천명이지만 요서군(遼西郡)에는 어울리는 하천명이 아니다.

　결국 요수(遼水)는 하천명이 개칭되는데 새로운 하천명은 유수(濡水)이다.

　유수(濡水)와 패수(沛水) 사이에서 [고조선 패수(浿水)]가 북쪽에서 남쪽으로 흐르고 있다.

　[고조선 패수(浿水)]가 북쪽에서 남쪽으로 흐르는 하천이라는 역사적 사실은 사기(史記)의 기록으로 알 수 있다.

BC 109년, 한무제(漢武帝)의 사신 섭하(涉何)가 국경인 [고조선 패수(浿水)]까지 배웅 나간 고조선(古朝鮮)의 비왕(裨王) 장(長)을 죽였다.

이에 대한 보복으로 고조선(古朝鮮)의 군대는 [고조선 패수(浿水)]를 넘어 연요동(燕遼東)을 공격했으며, 요동(遼東) 동부도위(東部都尉)인 섭하(涉何)를 한(漢)의 영토 내에서 죽였다.

고조선(古朝鮮)의 군대가 전면전을 각오하고 한(漢)의 영토로 진입한 것이다

한무제(漢武帝)는 고조선(古朝鮮) 정벌을 지시했다.

누선장군(樓船將軍) 양복(楊僕)은 수군으로 제(齊)의 땅에서 발해(渤海) 바다를 건넜다.

반면, 좌장군(左將軍) 순체(荀彘)는 5만명을 통솔하여 연요동(燕遼東)에서 출발했다.

사기(史記) 조선열전(朝鮮列傳)에 의하면

> **左將軍擊朝鮮浿水西軍 未能破自前**
> 좌장군(左將軍)이 조선(朝鮮)의 패수서군(浿水西軍)을 공격했으나 깨뜨리고 전진할 수 없었다.

좌장군(左將軍) 순체(荀彘)의 육군 5만명은 [고조선 패수(浿水)]를 돌파해야 고조선(古朝鮮)의 영토에 진입할 수 있다.

하지만 좌장군(左將軍) 순체(荀彘)의 군대는 전쟁 초기, [고조선 패수(浿水)] 서쪽에 진입해 있는 고조선(古朝鮮)의 군대를 돌파하지 못했다.

한(漢)과 고조선(古朝鮮) 간 국경인 패수(浿水)는 북쪽에서 남쪽으로 흘렀기 때문에 사마천(司馬遷)은 패수(浿水) 서쪽 연요동(燕遼東)에 진입해 있는 고조선(古朝鮮)의 군대를 패수서군(浿水西軍)으로 기록했다.

고조선(古朝鮮)을 승계한 고구려(高句麗)도 전쟁이 불가피하다고 판단되면 중국에 선제 공격을 가하곤 했다.

[고조선 패수(浿水)] 동쪽을 지배한 고조선(古朝鮮)〈BC 800 ~ BC 107년〉은 중국의 한(漢)〈BC 202 ~ AD 220년〉에 비견된다.

[고조선 패수(浿水)] 동쪽을 지배한 고구려(高句麗)〈BC 37 ~ AD 668년〉는 중국의 당(唐)〈AD 618 ~ 907년〉에 비견된다.

한(漢)과 당(唐)이 동일한 왕조(王朝)가 아니더라도 모두 중국이라 하듯이 [고조선 패수(浿水)] 동쪽 고조선(古朝鮮)과 고구려(高句麗)는 모두 [고대 한국]이다.

고구려(高句麗) 멸망 후, 고구려(高句麗) 사람들은 통일신라(Unified Silla)에 잠시 편입되었다가 고려(Korea)를 건국했는데, [고대 한국]의 중원(中原)인 요하(Liao River) 중류 유역을 반 밖에 장악하지 못하면서 [고대 한국]을 재건하지 못했다.

대신 한반도 전체를 고려(Korea)의 영토로 편입시켰다.

북송(北宋)〈AD 960 ~ 1127년〉이 여진족에게 중원(中原)을 빼앗기고 남송(南宋)〈AD 1127 ~ 1279년〉으로 축소된 것처럼 고려(Korea) 또한 AD 1269년, 몽골족에게 요하(Liao River) 유역을 빼앗겼다.

명(明)이 건국되면서 중국은 다시 고유 영토를 되찾았지만, 고려(Korea)는 끝내 요하(Liao River) 유역을 수복하지 못했다.

남송(南宋)의 영토가 작다고 당(唐)의 승계국이 아니라고 할 수 없듯이 고려(Korea)의 영토가 작다고 고구려(高句麗)의 승계국이 아니라고 할 수 없다.

고려(Korea)는 세상에 남은 유일한 예맥족(濊貊族) 국가이며, 모든 국민이 수천 년의 역사를 공유하면서 평화를 추구하고 독자적인 문화를 창출한 단일민족 국가이다.

세계화로 많은 귀화인들을 수용해야 하는 한국에서 혈통은 더 이상 중요하지 않다.

혈통을 불문하고 '한국의 수천 년 역사와 문화를 공유하겠다'는 세계인(the world)과 어우러지면 한국은 인류 역사에 공헌하면서 영속할 수 있다.

5. 만번한(滿番汗) = [번한현(番汗縣) 패수(沛水)]

삼국지(三國志)에 의하면 진개(秦開)의 동정(東征) 이후, 고조선(古朝鮮) 서쪽 국경은 만번한(滿番汗), 즉 [번한현(番汗縣) 패수(沛水)]이다.

하지만 삼국지(三國志)의 기록은 진(秦)과 고조선(古朝鮮) 간 국경이었던 패수(沛水)를 [번한현(番汗縣) 패수(沛水)]와 동일한 하천으로 오인한 결과이다.

성해응(成海應)〈AD 1760 ~ 1839년〉 또한 동일한 오인을 했으며, 이로 인해 [고조선 패수(浿水)]를 혼하(Hun River)로 비정했다.

성해응(成海應) 또한 당(唐)과 명(明)의 역사 왜곡에 속아 [고조선 패수(浿水)]가 대요수(大遼水) 서쪽에 위치하고 있음을 알지 못했지만, 정사서(正史書)의 기록을 분석하면서 오직 논리적 사고만으로 결론을 도출해 냈기 때문에 [고조선 패수(浿水)]를 그나마 혼하(Hun River)로 비정할 수 있었다.

신채호(申采浩)〈AD 1880 ~ 1936년〉 선생 또한 당(唐)과 명(明)의 역사 왜곡에 속아 대요수(大遼水)가 요하(Liao River)라고 믿었으며, [고조선 패수(浿水)]가 대요수(大遼水) 서쪽에 위치하고 있음을 알지 못했다.

게다가 '진개(秦開)의 동정(東征) 이후, 고조선(古朝鮮) 서쪽 국경은 만번한(滿番汗)'이라는 삼국지(三國志)의 잘못된 기록을 역사적 사실로 받아들였다.

이런 경우 신채호(申采浩) 선생도 왕험성(王險城)은 한반도 대동강 유역에, [고조선 패수(浿水)]는 혼하(Hun River)로 비정하는 것이 정상적이다.

하지만 신채호(申采浩) 선생은 서로 멀리 떨어져 있어야 하는 [고조선 패수(浿水)] · 만번한(滿番汗) · 왕험성(王險城)을 모두 요령성 동부 지역에서 서로 접해 있는 해성시(海城市)와 개주시(蓋州市)에 비정하면서 정사서(正史書)의 1차 사료가 제시한 기본적인 이론체계를 무시했다.

게다가 신채호(申采浩) 선생은 [고대 한국]의 주요 활동 영역을 지금의 요동(遼東) 지역으로 여기는 동만주사관(東滿洲史觀)[43]에 빠져 만주의 송화강 유역이 [고대 한국]의 시작점이라는 근거 없는 주장을 했다.

더욱이 신채호(申采浩) 선생은 고려서경(高麗西京)[44]을 한반도 대동강 평양(平壤)으로 단언하는 우를 범하면서 고려(Korea)를 한반도에 가두어 버렸다.

일제강점기, 역사교과서에 반도사관(半島史觀)의 이론적 토대를 제공한 대표적 문헌은 정약용(丁若鏞)의 아방강역고(我邦疆域考)이다.

정약용(丁若鏞)〈AD 1762 ~ 1836년〉이 사료가 부족하다는 이유로 단군왕검(檀君王儉)을 부정하고 '고조선(古朝鮮)의 영토는 방수천리(方數千里)'라는 사기(史記)의 기록마저 무시한 것은 이해할 수 있다.

'한반도 대동강 유역에 고조선(古朝鮮) 수도 왕험성(王險城)이 위치하고, 평안도와 황해도 일대가 낙랑조선(樂浪朝鮮)'이라는 정약용(丁若鏞)의 주장 또한 당(唐)과 명(明)의 역사 왜곡에 속은 결과이기 때문에 이해할 수 있다.

삼국지(三國志) 위서동이전(魏書東夷傳)에 의하면

燕乃遣將秦開攻其西方 取地二千餘里 至滿番汗爲界 朝鮮遂弱

연(燕)의 장수 진개(秦開)가 고조선(古朝鮮)의 서방(西方) 땅을 공격하여

2,000여리(二千餘里)를 빼앗았으며, 만번한(滿番汗)을 경계로 삼으니

고조선(古朝鮮)이 약해졌다.

하지만 '만번한(滿番汗)으로는 2,000여 리(里)에 부족하다'면서 진개(秦開)의 동정(東征)으로 연(燕)의 영토는 한반도 압록강에 이르렀고, 통전(通典)의 수성현(遂城縣)에 관한 기록을 인용하여 만리장성(萬里長城)도 한반도 압록강에 이르렀으며, 한반도 압록강이 [고조선 패수(浿水)]라는 정약용(丁若鏞)의 논지는 황당하다.

정약용(丁若鏞)은 시대에 따라 1리(里)의 길이가 다르다는 사실을 감안하지 못했고, 시간이 흐르면서 도로가 개선되면 거리가 줄어든다는 변수도 감안하지 못했다.

무엇보다도 안타까운 점은 정약용(丁若鏞)이 만번한(滿番汗)을 언급하면서도 왕험성(王險城)을 기준으로 만번한(滿番汗)보다 더 먼 곳에 위치해야 하는 [고조선 패수(浿水)]를 더 가까운 한반도 압록강에 비정했다는 점이다.

결론적으로 [고조선 패수(浿水)]와 패수(沛水) 및 만번한(滿番汗) 간 상관관계를 고려하지 않고 정사서(正史書)의 기본적인 기록마저 무시한 정약용(丁若鏞)의 주장은 너무나도 단편적이고 학문적이지 않다.

[고조선 패수(浿水)]가 한반도 압록강이라는 정약용(丁若鏞)의 비정이 역사적 사실이라면 만리장성동단(萬里長城東端)이 위치한 진고공지(秦故空地)는 한반도 내에 위치하며, 진고공지(秦故空地)를 벗어난 요동외요(遼東外徼)의 공간까지 감안하면 왕험성(王險城)은 한반도 대동강 유역보다 남쪽에 위치해야 한다.

인문학 부재의 조선(Joseon) 시대가 실감이 나며, 이러한 조선(Joseon) 학자들의 주장에 기대어 역사교과서를 만든 일본 제국의 인문학 부재 또한 딱하다.

필자의 주장을 받아들이는 혁신은 미루더라도 논리적 사고를 존중해야 하는 학교는 일단 성해응(成海應)의 논증을 학생들에게 소개하고 '만리장성동단(萬里長城東端)과 진(秦) 요동군(遼東郡)이 위치한 진고공지(秦故空地)는 혼하(Hun River)와 [번한현(番汗縣) 패수(沛水)] 사이에 위치한다'고 가르쳐야 한다.

더불어 '혼하(Hun River)와 [번한현(番汗縣) 패수(沛水)] 사이 진고공지(秦故空地)에서 세력을 키운 위만(衛滿)의 진요동조선(秦遼東朝鮮)[45]이 당시 고조선연맹의 리더국인 낙랑조선(樂浪朝鮮)을 병합했다'고 가르쳐야 한다.

진요동조선(秦遼東朝鮮)은 필자가 [동북아고대사정립 5권]에서 임의로 사용한 용어이다.

진고공지(秦故空地), 즉 진요동(秦遼東)에서 세력을 키워 험독(險瀆)[46]을 도읍으로 왕(王)이 된 위만(衛滿)은 낙랑조선(樂浪朝鮮)의 왕(王) 준(準)의 신하이기 때문에 종속국의 명칭으로 진요동조선(秦遼東朝鮮)이 적절하다고 생각했다.

진요동조선(秦遼東朝鮮)과 낙랑조선(樂浪朝鮮)의 왕험성(王險城) 사이에 요동외요(遼東外徼)가 위치해야 하므로 '진요동(秦遼東)은 지금의 요동(遼東) 지역'이라고 믿는 학자는 왕험성(王險城)을 한반도 대동강 유역에 비정할 수밖에 없다.

성해응(成海應)〈AD 1760 ~ 1839년〉은 연경재전집(研經齋全集)을 저술하면서 '[번한현(番汗縣) 패수(沛水)]는 한반도 북쪽 요동(遼東)에 있다'고 밝혔다.

더불어 '[고조선 패수(浿水)]는 한반도 대동강 유역에 위치한 평양(平壤)에서 멀리 떨어져 있는 변방 국경'이라는 너무나도 상식적인 생각을 했다.

[번한현(番汗縣) 패수(沛水)]가 지금의 요동(遼東) 지역에 위치한다고 생각하면 국경인 [고조선 패수(浿水)]는 혼하(Hun River)로 비정할 수밖에 없다.

한국의 학생들은 이정도만 배워도 신채호(申采浩) 선생의 조선상고사(朝鮮上古史) 및 계연수(桂延壽) 선생의 환단고기(桓檀古記)가 무엇이 문제인지 이해하게 될 것이다.

성해응(成海應) 이후, [고조선 패수(浿水)] 비정에서 주목할 만한 학자는 북한의 이지린(李址麟) 박사이다.

이지린(李址麟) 박사는 고조선(古朝鮮) 수도 왕험성(王險城)을 신채호(申采浩) 선생과 마찬가지로 요하(Liao River) 동쪽 개주시(蓋州市)에 비정했다.

하지만 신채호(申采浩) 선생과 달리 [고조선 패수(浿水)]를 요하(Liao River) 서쪽 대릉하(Daling River)로 비정했으며, 대요수(大遼水)를 난하(Luan River)로 비정했다.

만약 이지린(李址麟) 박사가 요수(遼水)를 난하(Luan River)로 비정하고 대요수(大遼水)를 요하(Liao River)로 비정했다면, 그래도 잘못된 비정이지만, 성해응(成海應)의 비정보다 학문적으로 더 발전한 논지의 비정이었다.

하지만 이지린(李址麟) 박사 또한 '[고조선 패수(浿水)]는 대요수(大遼水) 서쪽에 위치한다'는 역사적 사실을 모르고 있었다.

게다가 난하(Luan River)를 대요수(大遼水)로 비정했다면 유수(濡水)는 난하(Luan River) 서쪽에 비정해야 하는데, 이지린(李址麟) 박사는 유수(濡水)와 대요수(大遼水)를 동일한 하천으로 오인했다.

따라서 이지린(李址麟) 박사의 비정은 얼핏 보기엔 성해응(成海應)의 비정보다 진일보한 것처럼 보이지만 학문적으로는 성해응(成海應)의 논증보다 나은 점이 없다.

이지린(李址麟) 박사가 여러 가지 오인을 한 만큼 이지린(李址麟) 박사의 주장을 받아들인 [북한 학계] 역시 많이 헤맬 수밖에 없다.

중국의 역사 왜곡을 비판하면서 한국 학자의 역사 왜곡을 외면할 수는 없다.

신채호(申采浩) 선생은 전후삼한고(前後三韓考)라는 제목의 논문을 통해 '단군조선(檀君朝鮮)이 번조선(番朝鮮)·진조선(眞朝鮮)·막조선(莫朝鮮)으로 분립되었다'는 역사 왜곡을 자행했다.

단군조선(檀君朝鮮)은 고조선(古朝鮮)·부여국(夫餘國)[47]·[단군조선 한(韓)]으로 분립되었으며, 번조선(番朝鮮)·진조선(眞朝鮮)·막조선(莫朝鮮)이라는 정치세력은 존재조차 한 적이 없기 때문에 명백한 역사 왜곡이다.

또한 신채호(申采浩) 선생은 '고죽국(孤竹國)이 본래 고조선(古朝鮮)의 일부였다'는 근거 없는 주장을 했다.

상족(商族)인 고죽국(孤竹國)은 예맥족(濊貊族)인 고조선(古朝鮮)의 일부일 수 없다.

영토는 빼앗겨도 예맥족(濊貊族)의 후손이라는 한국인의 정체성은 지켜야 한다.

동북공정을 진행한 [중국 학계]는 '동이족(東夷族)과 예맥족(濊貊族)은 본래 하나'라는 명제를 결론으로 도출하는 논지를 강화할 것이다.

중국과 한국은 역사적으로 하나인 적이 없으며, 수천 년 동안 이어져 온 독자적인 예맥족(濊貊族)의 역사는 오염 없이 미래의 한국인에게 전해져야 한다.

6. 진개(秦開)의 동정(東征) 이후, 고조선(古朝鮮) 서쪽 국경 = 대요수(大遼水)

[한중일 학계의 통설]에 의하면 진(秦)과 고조선(古朝鮮) 간 국경이었던 패수(沛水)는 한(漢) 요동군(遼東郡) 번한현(番汗縣)에서 흐르는 패수(沛水)와 동일한 하천이다.

[탐구 3]	패수(沛水)
학계의 통설	패수(沛水)는 대요수(大遼水) 동쪽 번한현(番汗縣)의 하천이다.
역사적 사실	패수(沛水)는 대요수(大遼水)와 동일한 하천이다.

진고공지(秦故空地), 즉 진요동(秦遼東)에 위치한 위만(衛滿)의 진요동조선(秦遼東朝鮮) 도읍인 험독(險瀆)은 한(漢) 요동군(遼東郡) 험독현(險瀆縣)이 되었다.

험독(險瀆)이 위치한 진요동(秦遼東) 동부 지역이 한(漢) 요동군(遼東郡) 서부 지역에 포함되어 있는 것이다.

진요동(秦遼東) 동쪽 경계는 진(秦)과 고조선(古朝鮮) 간 국경이었던 패수(沛水)이므로 험독현(險瀆縣)은 패수(沛水) 서쪽 인접한 곳에 위치한다.

'한(漢) 요동군(遼東郡) 험독현(險瀆縣)은 [한요동(漢遼東) 대요수(大遼水)] 서쪽 인접한 곳에 위치한다'는 역사적 사실을 부정할 학자는 없을 것이다.

따라서 험독현(險瀆縣) 동쪽 인접한 곳에서 흐르는 [한요동(漢遼東) 대요수(大遼水)]는 진요동(秦遼東) 동쪽 경계인 패수(沛水)와 동일한 하천일 수밖에 없다.

진요동(秦遼東) 동부 지역이 한요동(漢遼東) 서부 지역에 포함되면서 진요동(秦遼東) 동쪽 경계인 패수(沛水)가 한요동(漢遼東) 서부 지역에서 흐르는 대요수(大遼水)로 개칭된 것이다.

결국 염철론(鹽鐵論)에 등장하는 진(秦)과 고조선(古朝鮮) 간 국경이었던 패수(沛水)는 한(漢) 요동군(遼東郡) 서부 지역에서 흐르는 대요수(大遼水)이다.

한서지리지(漢書地理志)에 의하면 대요수(大遼水) 동쪽에 한(漢) 요동군(遼東郡) 양평현(襄平縣)이 접해 있고, 양평현(襄平縣) 동쪽에 번한현(番汗縣)이 위치한다.

[번한현(番汗縣) 패수(沛水)]는 대요수(大遼水) 동쪽 한(漢) 요동군(遼東郡) 동부 지역에서 흐르는 하천인 것이다.

따라서 한요동(漢遼東) 서부 지역의 패수(沛水)와 한요동(漢遼東) 동부 지역의 [번한현(番汗縣) 패수(沛水)]는 동일한 하천이 될 수 없다.

험독현(險瀆縣)이 위치한 진요동(秦遼東) ➡ 패수(沛水)에서 개칭된 대요수(大遼水) ➡ [번한현(番汗縣) 패수(沛水)]가 서쪽에서 동쪽 방향으로 위치한다.

고조선(古朝鮮) 멸망 후, 새로이 만들어진 한요동(漢遼東)이 중국 최초의 요동(遼東)인 연요동(燕遼東)과 동일한 위치일 것이라는 생각과 한요동(漢遼東) 동쪽에 진요동(秦遼東)이 위치할 것이라는 생각은 둘 다 상식적인 판단이 아니다.

진시황(秦始皇)이 중국의 요동(遼東)을 패수(浿水)와 패수(沛水) 사이 진요동(秦遼東)까지 잠시 확장 시켰지만, 사기(史記)와 염철론(鹽鐵論)이 기록한 바와 같이 고조선(古朝鮮)이 반격하여 [고조선 패수(浿水)]를 국경으로 원상태가 되었다.

따라서 '한요동(漢遼東) 동쪽에 진요동(秦遼東)과 만리장성동단(萬里長城東端)이 위치한다'는 [한중일 학계의 통설]은 근거가 전혀 없는 판타지(fantasy)이다.

진개(秦開)의 동정(東征)으로 고조선(古朝鮮)은 [한요동(漢遼東) 대요수(大遼水)] 서쪽 진요동(秦遼東) 땅을 완충지대로 상실했고, 진요동(秦遼東) 땅을 장악한 진시황(秦始皇)이 그곳에 만리장성(萬里長城)을 축성했으며, 고지도(old map)에서 대요수(大遼水) 동쪽에 그려진 만리장성(萬里長城)은 모두 상상 속의 장성(長城)일 뿐이다.

진요동(秦遼東)은 [한요동(漢遼東) 대요수(大遼水)] 서쪽에 위치하므로 진요동(秦遼東) 서쪽 경계인 [고조선 패수(浿水)]는 당연히 대요수(大遼水) 서쪽에 위치한다.

[고조선 패수(浿水)] ➡ 진요동(秦遼東) ➡ 패수(沛水)에서 개칭된 대요수(大遼水) ➡ 한(漢) 요동군(遼東郡) 양평현(襄平縣) ➡ 왕험성(王險城)이 서쪽에서 동쪽 방향으로 위치하고 있다.

반면, 요수(遼水)와 연(燕) 요동군(遼東郡) 양평현(襄平縣)은 반드시 [고조선 패수(浿水)] 서쪽에 위치해야 한다.

따라서 요수(遼水) ➡ 연(燕) 요동군(遼東郡) 양평현(襄平縣) ➡ [고조선 패수(浿水)] ➡ 진요동(秦遼東) ➡ 대요수(大遼水) ➡ 한(漢) 요동군(遼東郡) 양평현(襄平縣) ➡ 왕험성(王險城)이 서쪽에서 동쪽 방향으로 위치한다.

중국의 동북아고대사 정립 7)

요수(遼水) ➡ 연(燕) 요동군(遼東郡) 양평현(襄平縣) ➡ [고조선 패수(浿水)] ➡
진요동(秦遼東) ➡ 대요수(大遼水) ➡ 한(漢) 요동군(遼東郡) 양평현(襄平縣) ➡
왕험성(王險城)이 서쪽에서 동쪽 방향으로 위치한다.

[연요동(燕遼東) 요수(遼水)] 유역은 중국인의 삶의 터전이었고, [한요동(漢遼東) 대요수(大遼水)] 유역은 [고대 한국인]의 삶의 터전이었다.

그 사이에 위치한 [고조선 패수(浿水)]는 중국인과 [고대 한국인] 간 경계였다.

하지만 한중일학계(韓中日學界)는 연요동(燕遼東)과 한요동(漢遼東)의 구분 없이 지금의 요양시(遼陽市) 일대를 고대 요동(遼東)으로 가르치고 있다.

지금의 요양시(遼陽市) 일대는 연요동(燕遼東)·진요동(秦遼東)·한요동(漢遼東) 중 어디에도 속하지 않는 명(明) 시기〈AD 1368 ~ 1644년〉에 새로이 만들어진 요동(遼東)이며, 요(遼) 동경요양부(東京遼陽府)의 위치는 [동북아고대사정립 3권]에 수록된 요(遼) 5경(京) 영토고표(領土考表) 완성본(完成本)[48]에서 확인하기 바란다.

진개(秦開)의 동정(東征) 이후, 대요수(大遼水)는 잠시 고조선(古朝鮮)의 서쪽 국경이 되었지만, 진(秦) 말기(末期)〈BC 209 ~ BC 207년〉, 고조선(古朝鮮)은 빼앗긴 땅을 모두 수복했으며, 멸망할 때까지 [고조선 패수(浿水)]를 서쪽 국경으로 유지했다.

패수(沛水)에서 개칭된 대요수(大遼水) 유역이 [고대 한국인]의 삶의 터전으로 되돌려진 것이다.

BC 108년, 낙랑조선(樂浪朝鮮)을 멸망시킨 한(漢)은 대요수(大遼水) 중류 유역에 한요동(漢遼東)을 설치했다.

고조선(古朝鮮)을 승계한 고구려(高句麗)는 한요동(漢遼東)을 소멸시키고, 대요수(大遼水) 유역을 모두 고구려(高句麗)의 영토로 편입시켰다.

이후, 한요동(漢遼東)의 요동군성(遼東郡城)[49]인 양평성(襄平城)은 고구려(高句麗)의 요동성(遼東城)으로 불리었다.

고구려(高句麗) 서쪽 국경은 [고조선 패수(浿水)]가 아니라 [고조선 패수(浿水)]와 대요수(大遼水) 사이에 위치한 의무려산(醫巫閭山)[50]이다.

고구려(高句麗)는 [고조선 패수(浿水)]와 의무려산(醫巫閭山) 사이 진요동(秦遼東) 서부 지역을 중국과의 완충지대로 설정했다.

이 때문에 고조선(古朝鮮) 서쪽 국경인 [고조선 패수(浿水)]는 고구려(高句麗)의 영토 내에서 흐르지 않았다.

[고조선 패수(浿水)] 서쪽에 위치한 [연요동(燕遼東) 요수(遼水)]와 의무려산(醫巫閭山) 동쪽에 위치한 [한요동(漢遼東) 대요수(大遼水)]는 동서로 멀리 떨어져 있다.

역사적 사실이 이렇게 밝혀져야 사마천(司馬遷)이 사기(史記)에 기록한 [고조선 패수(浿水)] 동쪽 방수천리(方數千里) 영토의 고조선(古朝鮮)이 설명되지 않겠는가?

더불어 [연요동(燕遼東) 요수(遼水)] 유역의 중국인과 [한요동(漢遼東) 대요수(大遼水)] 유역의 [고대 한국인] 간 쟁투가 어떠했는지 진짜 동북아고대사가 밝혀지지 않겠는가?

'염철론(鹽鐵論) 주진(誅秦) 편(篇)에 기록된 진(秦)과 고조선(古朝鮮) 간 국경이었던 패수(沛水)는 [번한현(番汗縣) 패수(沛水)]가 아니라 대요수(大遼水)이다'라는 통찰 한방이면 '[고조선 패수(浿水)]는 대요수(大遼水) 서쪽에 위치한다'는 역사적 사실을 알 수 있었다.

중국의 동북아고대사는 가짜다

늦었지만 이제라도 바로잡으면 된다.

우선 [한국 학계]의 주류 역사학을 [식민사학]이라고 비난해 온 사람들은 [한국 주류 역사학자]들에게 사과해야 한다.

더불어 애국심이 충만한 시민들이 동북아고대사가 뒤틀려 있음을 알리고자 나름 대로 열심히 공부한 결과물을 [사이비 역사학]이라는 용어까지 사용하면서 비난한 적이 있는 [한국 주류 역사학자]들 또한 시민들에게 사과해야 한다.

역사 전쟁의 대상은 중국이다.

중국과 전면적인 역사 전쟁을 벌이기 위해서는 내부 정리도 필요하다.

이후, 필자의 논증을 논파하지 못하면서 '단군조선(檀君朝鮮)이 번조선(番朝鮮)·진 조선(眞朝鮮)·막조선(莫朝鮮)으로 분립되었다'는 역사 왜곡을 지속하는 사람이 있다 면 그 사람은 순수하지 않은 의도를 가진 한국 사회의 [암적인 존재]이다.

더불어 필자의 논증을 논파하지 못하면서 '[고조선 패수(浿水)]는 대요수(大遼水) 동 쪽에 위치한다'는 기존의 학설을 그대로 유지하려는 [한국 주류 역사학자]가 있다면 그 사람은 [한국 학계]에서 퇴출되어야 하는 [암적인 존재]이다.

근거를 제시하지 못하면서 기존의 주장을 지속한다면 '[동북아고대사정립]'을 방 해하라'는 임무를 수행하는 반역자(traitor)로 의심받게 될 것이다.

중국은 만만한 상대가 아니기 때문에 내부에서 총질하는 사람부터 정리해야 최종 적으로 중국과의 역사 전쟁에서 승리할 수 있다.

그 역할은 [한국 시민 사회]에 맡기고 필자는 중국과의 본격적인 역사 전쟁터로 뚜 벅뚜벅 걸어가겠다.

지금은 필자가 미약하여 뚜벅뚜벅 걸을 수밖에 없지만 나중에는 뛸 수 있고 날 수 있도록 [한국 시민사회]가 힘을 보태줄 것이라 믿는다.

정사서(正史書)의 1차 사료가 제시한 기본적인 이론체계를 바탕으로 요수(遼水)·대요수(大遼水)·[고조선 패수(浿水)]를 비정할 차례이다.

Part 2. 요수(遼水)·대요수(大遼水)·[고조선 패수(浿水)] 비정

1. 황하문명권과 요하문명권 간 경계인 [고조선 패수(浿水)]

2. 고죽국(孤竹國)의 위치 = 하북성 천진시

3. 우갈석(右碣石)의 위치 = 하북성 천진시

4. 요수(遼水)에서 개칭된 유수(濡水) = 조백하(Chaobai River)

5. 패수(沛水)에서 개칭된 대요수(大遼水) = 난하(Luan River)

6. [고조선 패수(浿水)]의 위치 = 천진시와 당산시 경계

7. 좌갈석(右碣石)의 위치 = 하북성 당산시

1. 황하문명권과 요하문명권 간 경계인 [고조선 패수(浿水)]

중국과 [고대 한국] 간 경계는 [고조선 패수(浿水)]이다.

중국의 동북아고대사 정립 7) 에 의하면

> 요수(遼水) ➡ 연(燕) 요동군(遼東郡) 양평현(襄平縣) ➡ [고조선 패수(浿水)] ➡
> 진요동(秦遼東) ➡ 대요수(大遼水) ➡ 한(漢) 요동군(遼東郡) 양평현(襄平縣) ➡
> 왕험성(王險城)이 서쪽에서 동쪽 방향으로 위치한다.

우리는 Part 1에서 '[고조선 패수(浿水)]는 요수(遼水)와 대요수(大遼水) 사이에 위치한다'는 역사적 사실을 정사서(正史書)의 기록으로 확인했다.

중국의 동북아고대사 정립 6) 에 의하면

> 한서지리지(漢書地理志) 요서군(遼西郡) 편(篇)에 기록된 한(漢) 요서군(遼西郡)의
> 영토 내에서 흐르는 48개 작은 하천 중 하나가 중국과 한국 간 최초의 국경인 [고조선
> 패수(浿水)]이다.

우리는 Part 1에서 '[고조선 패수(浿水)]는 한(漢) 요서군(遼西郡)의 영토 내에서 흐르는 48개의 작은 하천 중 하나'라는 역사적 사실도 정사서(正史書)의 기록으로 확인했다.

하지만 우리는 요수(遼水)와 대요수(大遼水)가 지금의 어느 하천인지 모른다.

[고조선 패수(浿水)]가 지금 어디에 위치하는지 알기 위해서는 먼저 요수(遼水)와 대요수(大遼水)가 지금 어느 하천인지 알아야 한다.

중국의 동북아고대사 정립 1) 에 의하면

> BC 344년, 연(燕)의 영토 ➡ 고죽국요수(孤竹國遼水)와 연요동(燕遼東) ➡ 패수(浿水)
> ➡ 조선(朝鮮)이 서쪽에서 동쪽 방향으로 위치한다.

진개(秦開)의 동정(東征) 이전, 요수(遼水)는 연요동(燕遼東) 서쪽 경계였다.

요수(遼水)와 연요동(燕遼東)은 유수(濡水)와 당(唐) 평주(平州) 노룡현(盧龍縣)으로 승계되었다.

중국의 동북아고대사 정립 4) 에 의하면

> 당태종(唐太宗)<재위; AD 626 ~ 649년> 시기, 유수(濡水)와 당(唐) 평주(平州)
> 노룡현(盧龍縣) ➡ 패수(浿水) ➡ 만리장성동단(萬里長城東端)과 당(唐) 영주(營州) ➡
> 대요수(大遼水) ➡ 한요동(漢遼東)이 서쪽에서 동쪽 방향으로 위치한다.

중국의 동북방 한계를 상징하는 갈석산은 유수(濡水)가 흐르는 류현(絫縣)에 위치한 갈석산이며, 수경주(水經注)에 의하면 노룡새(盧龍塞)를 관통한 유수(濡水)는 영지현(令支縣)·비여현(肥如縣)·해양현(海陽縣)·류현(絫縣)을 차례로 지나 창해(滄海) 바다로 들어갔다.

[류현(絫縣) 갈석산][51]은 당(唐) 평주(平州) 북평군(北平郡) 노룡현(盧龍縣)의 바닷가에 위치하며, 노룡현(盧龍縣) 남쪽 바다는 창해(滄海)로 불리었다.

통전(通典) 고구려(高句麗) 편(篇)에 의하면

> 碣石山; 長城起於此山 今驗長城東截遼水而入高麗 遺址猶存 按尙書云
> 夾右碣石入於河 右碣石即河赴海處 在今北平郡南二十餘里 則高麗中爲左碣石
> 갈석산(碣石山); 장성(長城)이 이 산에서 시작되었다. 장성(長城)이 동쪽으로
> 요수(遼水)를 끊고 고구려(高句麗)로 들어간 흔적이 아직도 남아 있다. 상서(尙書)에
> '갈석(碣石)을 우(石)로 끼고 하(河)에 들어간다'고 기록되어 있는데, 우갈석(右碣石)은
> 하(河)가 해(海)에 다다르는 곳 근처로 지금의 북평군(北平郡) 남쪽 20여 리(里)에 있다.
> 그러므로 고구려(高句麗)에 있는 것은 좌갈석(左碣石)[52]이다.

통전(通典)의 저자 두우(杜佑)<AD 735 ~ 812년>는 당(唐) 시기의 학자로 '지금의 북평군(北平郡)'이란 당장성(唐長城) 내에 위치한 당(唐) 평주(平州) 북평군(北平郡) 노룡현(盧龍縣)으로 [고죽국(孤竹國) 영토]를 지칭한다.

'북평군(北平郡) 남쪽 20여 리(里)에 있다'는 우갈석(右碣石), 즉 [류현(纍縣) 갈석산]은 하(河)가 창해(滄海)에 다다르는 곳 근처에 위치한다.

반면, 통전(通典)의 기록에서 좌갈석(左碣石)이 위치한 곳은 동쪽으로 요수(遼水)를 끊고 고구려(高句麗)로 들어간 '장성(長城)이 시작된 곳'이다.

[고죽국(孤竹國) 영토]의 요수(遼水)를 끊고 [고조선 패수(浿水)]마저 끊은 후, 고구려(高句麗)로 들어간 장성(長城)은 만리장성(萬里長城)이다.

연장성동단(燕長城東端)과 고죽국(孤竹國)의 우갈석(右碣石) ➡ [고조선 패수(浿水)] ➡ 만리장성동단(萬里長城東端)과 고구려(高句麗)의 좌갈석(左碣石)이 서쪽에서 동쪽 방향으로 위치한다.

> **중국의 동북아고대사 정립 8)**
> 연장성동단(燕長城東端)과 고죽국(孤竹國)의 우갈석(右碣石) ➡ [고조선 패수(浿水)]
> ➡ 만리장성동단(萬里長城東端)과 고구려(高句麗)의 좌갈석(左碣石)이 서쪽에서
> 동쪽 방향으로 위치한다.

BC 300년경에 축성된 연장성동단(燕長城東端)만큼 황하문명권의 동북방 한계를 잘 나타내는 상징물은 없다.

장성(長城)은 이민족(異民族)에게 선을 넘지 말라는 강력한 메시지였기 때문이다.

황하문명권과 요하문명권 간 경계는 [고조선 패수(浿水)]이며, 연장성동단(燕長城東端)으로 이러한 역사적 사실이 더욱 명백해졌다.

명(明)〈AD 1368 ~ 1644년〉 시기에도 중국은 내지(內地)와 이민족(異民族)의 영역을 구분하기 위해 장성(長城)을 축성했다.

하지만 지금의 중국은 장성(長城) 안과 밖이 고대부터 하나의 중국이며, 중국인과 한국인은 동족(同族)이라고 주장하고 있다.

한국인은 중국 본토 동부 지역에 살았던 동이족(東夷族)과 동족(同族)이라는 것이다.

20세기 초에 시작된 중국의 이러한 주장에 일부 한국인이 부화뇌동하여 스스로를 동이족(東夷族)이라 여기고 있다.

하지만 장성(長城) 안의 한족(漢族)과 장성(長城) 밖의 예맥족(濊貊族)은 역사적으로 뚜렷하게 구별되었고, 한국인은 예맥족(濊貊族)을 승계한 고려족(高麗族)으로 언어 및 문화가 동이족(東夷族)과 다르고 유전적으로도 다르다.

연장성(燕長城) 축성 이전, 요수(遼水)가 연(燕) 동쪽 국경일 때, 중국의 갈석산은 우갈석(右碣石)이 아니라 한(漢) 우북평군(右北平郡) 여성현(驪成縣)의 대갈석(大揭石)[53]이었다.

대갈석(大揭石)은 중국 황제들이 등정한 갈석산으로 염철론(鹽鐵論)에 요수(遼水)와 함께 연(燕)의 자연 방어선으로 기록된 갈석산이다.

연장성(燕長城)이 축성되어 중국의 동북방 한계가 중국의 내지(內地)로 편입되고 [고조선 패수(浿水)]가 연(燕) 동쪽 국경일 때, 중국의 갈석산은 대갈석(大揭石) 동쪽 한(漢) 요서군(遼西郡) 류현(絫縣)의 우갈석(右碣石)이다.

따라서 황하문명권 내에서 우갈석(右碣石)보다 동쪽에 위치한 갈석산은 없다.

우갈석(右碣石) 동쪽에 위치한 좌갈석(左碣石)은 [고조선 패수(浿水)] 동쪽에 위치하기 때문에 황하문명권이 아니라 요하문명권에 위치한 갈석산으로 당연히 고구려(高句麗)의 영토 내에 위치하고 있다.

고조선(古朝鮮) 및 고구려(高句麗)의 영토 내에 중국의 동북방 한계를 상징하는 갈석산이 존재한 이유는 중국의 팽창주의 때문이다.

요하문명권 내에 최초로 중국의 내지(內地)를 만든 사람은 진시황(秦始皇)이다.

진시황(秦始皇)은 연장성(燕長城)을 연장하여 요하문명권에 만리장성(萬里長城)을 축성했으며, 만리장성(萬里長城) 남쪽은 잠시나마 중국의 내지(內地)가 되었다.

만리장성(萬里長城) 축성으로 요하문명권의 진요동(秦遼東) 남부 지역이 중국의 내지(內地)가 되고 대요수(大遼水)가 진(秦) 동쪽 국경일 때, 중국의 갈석산은 한(漢) 요서군(遼西郡) 임유현(臨渝縣)[54]의 좌갈석(左碣石)이었다.

고조선(古朝鮮)의 반격으로 진(秦) 요동군(遼東郡)의 영토가 중국의 내지(內地)로 유지된 기간은 최대 7년에 불과했기 때문에 좌갈석(左碣石)에 관한 기록은 거의 없다.

대갈석(大揭石)과 좌갈석(左碣石)은 잊혀진 갈석산이며, 일반적으로 갈석산이라고 하면 황하문명권의 동북방 한계에 위치한 고죽국(孤竹國)의 우갈석(右碣石)이다.

[한중일 학계의 통설]에 의하면 고죽국(孤竹國)의 우갈석(右碣石)이 위치한 곳은 하북성 진황도시[55]이다.

그러나 하북성 진황도시가 위치한 곳은 난하(Luan River) 하류 동쪽으로 황하문명권이 아니라 요하문명권이다.

고조선(古朝鮮) 및 고구려(高句麗)의 영토에 위치한 만리장성동단(萬里長城東端)과 좌갈석(左碣石)은 요하문명권 내에 위치해야 한다.

반면, [고조선 패수(浿水)] 서쪽 고죽국(孤竹國)의 우갈석(右碣石)은 요하문명권 내에 위치할 수 없다.

따라서 우갈석(右碣石)에 관한 [한중일 학계의 통설]은 역사적 사실이 아니다.

황하(Yellow River) 유역은 황하문명(黃河文明)을 일으킨 중국의 고유 영토이다.

요하(Liao River) 유역은 요하문명(遼河文明)을 일으킨 [고대 한국]의 고유 영토이다.

황하문명(黃河文明)과 요하문명(遼河文明)은 시작점이 서로 수천 km 떨어져 있는 별개의 문명이며, 두 문명 간 쟁투의 역사가 동북아고대사의 핵심이다.

두 문명은 주변으로 확장되었고, 황하문명(黃河文明)과 요하문명(遼河文明)이 만난 지점이 중국과 [고대 한국] 간 국경인 [고조선 패수(浿水)]이다.

철기기마문화(鐵器騎馬文化)를 장착한 유목민 정치세력이 후대에 합류했지만 몽골을 제외하면 동북아고대사에 그다지 큰 족적을 남기지 못했다.

[중국 고유 영토의 동북방 한계]인 [고죽국(孤竹國) 영토]가 황하문명권이 아니라 요하문명권에 위치한다는 [한중일 학계의 통설]은 동북아시아의 역사학을 상식이 통하지 않는 우스운 학문으로 만들어 버렸다.

언어와 문화가 다른데 황하문명권에 부속된 작은 정치세력인 고죽국(孤竹國)이 어떻게 요하문명권 내에 위치할 수 있겠는가?

중국과 [고대 한국] 간 최초의 전쟁은 진개(秦開)의 동정(東征)이기 때문에 진개(秦開)의 동정(東征) 이전에는 [고조선 패수(浿水)]를 경계로 황하문명권과 요하문명권이 나누어져 있어야 정상이다.

한(漢)의 황족(皇族) 유안(劉安)〈BC 179 ～ BC 122년〉은 그의 저서 회남자(淮南子)에 '동방의 끝 갈석산부터 조선(朝鮮)을 지난다'고 기록했다.

유안(劉安)이 '동방의 끝'이라 기록한 곳은 당연히 황하문명권이 끝나는 곳이다.

유안(劉安)이 지칭한 갈석산은 고조선(古朝鮮) 멸망 이전의 갈석산으로 황하문명권 내에서 가장 동쪽에 위치한 고죽국(孤竹國)의 우갈석(右碣石)이다.

사마천(司馬遷)이 중국의 동북방 한계로 기록한 [고죽국(孤竹國) 영토] 또한 황하문명권이 끝나는 곳이다.

결론적으로 황하문명권이 끝나는 '동방의 끝'은 하북성 천진시이다.

고죽국(孤竹國) 사람들은 [하(夏) 왕조(王朝)의 동이족(東夷族)]을 승계한 상족(商族)으로 황하문명(黃河文明) 사람들이다.

황하(Yellow River) 하류 유역이었던 하북성 천진시까지는 당연히 황하문명권이다.

반면, 서요하(西遼河)에 인접한 난하(Luan River) 유역은 요하문명권이다.

따라서 중국과 [고대 한국] 간 국경은 황하(Yellow River) 하류 유역과 난하(Luan River) 유역 사이에 위치해야 한다.

문명사적 관점에서 보면, 황하(Yellow River) 하류 유역과 난하(Luan River) 유역 사이에 위치한 중국과 [고대 한국] 간 국경인 [고조선 패수(浿水)]가 황하문명(黃河文明)과 요하문명(遼河文明) 간 경계이다.

명(明) 시기에 새로이 축성된 명장성(明長城)의 일부인 하북성 진황도시의 명장성동단(明長城東端)[56]은 황하문명권에 위치한 연장성동단(燕長城東端) 또는 당장성동단(唐長城東端)과 동일한 위치가 아니다.

AD 1368년에 건국된 명(明)은 고려(Korea)가 몽골 제국으로부터 수복하지 못한 고려서경(高麗西京)의 요하(Liao River) 유역을 명(明)의 영토로 편입시켰다.

이후, 명(明)은 요하(Liao River) 유역의 역사적 연고권을 확보하기 위해 고려서경(高麗西京)이 위치한 지금의 요양시(遼陽市)를 연(燕) 요동군(遼東郡) 양평현(襄平縣)으로 비정하게 만드는 역사 왜곡을 자행했다.

하지만 명(明)은 요하(Liao River) 유역에 군대를 주둔시켰을 뿐, 요하(Liao River) 유역을 중국의 내지(內地)로 만드는 데는 실패했다.

대신 명(明)은 명장성(明長城)을 축성하여 중국의 동북방 내지(內地)를 크게 늘리면서 [고조선 패수(浿水)]와 대요수(大遼水)를 중국의 내지(內地)에서 흐르는 하천으로 탈바꿈 시켰으며, 자연스럽게 요하문명권 서쪽 경계를 무너뜨렸다.

[한중일 학계]가 하북성 진황도시의 명장성동단(明長城東端)을 [고죽국(孤竹國) 영토]에 위치한 당장성동단(唐長城東端)과 동일한 위치로 비정하는 것은 고대사에 이어 중세사와 근세사도 제대로 연구하지 못했다는 방증이다.

한마디로 정리하면, 명장성동단(明長城東端)이 위치한 하북성 진황도시의 고대 지명과 갈석산은 역사 왜곡을 위한 떡밥으로 모두 가짜다.

2. 고죽국(孤竹國)의 위치 = 하북성 천진시

[고조선 패수(浿水)]의 위치를 파악하는 것은 동북아고대사를 정립하는데 있어 최우선 과제이다.

황하문명권의 동북방 한계인 [고죽국(孤竹國) 영토]는 요하문명권의 서쪽 경계인 [고조선 패수(浿水)]의 위치를 드러낸다.

[한중일 학계의 통설]에 의하면 [고죽국(孤竹國) 영토]는 하북성 진황도시이다.

하북성 진황도시가 [고죽국(孤竹國) 영토]라는 [한중일 학계의 통설]이 역사적 사실이라면 다음과 같이 정리된다.

1) 하북성 진황도시는 연요동(燕遼東)이다.

2) 하북성 진황도시 서쪽 경계인 난하(Luan River)는 요수(遼水)에서 개칭된 유수(濡水)이다.

3) 연장성동단(燕長城東端)은 하북성 진황도시 내에 위치한다.

4) 하북성 진황도시 동쪽 인접한 곳에 한(漢)과 고조선(古朝鮮) 간 국경인 [고조선 패수(浿水)]가 흐른다.

5) 진(秦)과 고조선(古朝鮮) 간 국경이었던 패수(沛水)에서 개칭된 대요수(大遼水)는 요하(Liao River)이다.

6) [고조선 패수(浿水)]와 요하(Liao River) 사이는 진개(秦開)의 동정(東征)으로 중국의 새로운 요동(遼東)이 된 진요동(秦遼東)이다.

7) 만리장성동단(萬里長城東端)과 위만(衛滿)의 첫 번째 도읍인 험독(險瀆)은 요하(Liao River) 서쪽 인접한 곳에 위치한다.

8) 요하(Liao River) 동쪽에 [번한현(番汗縣) 패수(沛水)]가 흐른다.

그러나 8개의 명제 중 어느 것도 역사적 사실이 아니다.

결론적으로 [고죽국(孤竹國) 영토]는 하북성 천진시이다.

[동북아고대사정립 3권]에 논증되어 있으며, [동북아고대사정립 4권]에서 검증을 마쳤다.

[탐구 4]	[고죽국(孤竹國) 영토]
학계의 통설	하북성 진황도시
역사적 사실	하북성 천진시

[고죽국(孤竹國) 영토]로 비정되기 위해서는 다음과 같은 조건이 충족되어야 한다.

1) 서부 지역에 요수(遼水)에서 개칭된 유수(濡水)가 흘러야 한다.

명(明)은 난하(Luan River)를 유수(濡水)로 조작하는 역사 왜곡을 자행했다.

2) 연장성동단(燕長城東端)을 승계한 당장성동단(唐長城東端)이 있어야 한다.

명(明)은 새로이 축성한 명장성(明長城)의 산해관(山海關)이 당장성동단(唐長城東端)과 위치가 같다고 조작하는 역사 왜곡을 자행했다.

3) 고죽성(孤竹城)[57]과 조선성(朝鮮城)[58]이 있어야 한다.

명(明)은 난하(Luan River) 유역의 적당한 성(城) 2개를 각각 고죽성(孤竹城)과 조선성(朝鮮城)으로 비정하는 역사 왜곡을 자행했다.

4) [류현(絫縣) 갈석산], 즉 우갈석(右碣石)이 [황하(Yellow River)가 바다로 들어가는 곳]에 위치해야 한다.

명(明)은 하북성 진황도시의 적당한 산 하나를 우갈석(右碣石)으로 비정하는 역사 왜곡을 자행했지만 [황하(Yellow River)가 바다로 들어가는 곳]이라는 조건을 충족시킬 수는 없었다.

[고죽국(孤竹國) 영토]는 우갈석(右碣石)을 품은 [중국 고유 영토의 동북방 한계]이다.

하북성 천진시인 [고죽국(孤竹國) 영토]가 하북성 진황도시로 역사가 왜곡되면 유안(劉安)이 회남자(淮南子)에 '동방의 끝 갈석산'이라고 기록한 우갈석(右碣石)도 천진시에서 진황도시로 옮겨야 한다.

그러나 [황하(Yellow River)가 바다로 들어가는 곳]에 위치한 우갈석(右碣石)은 하북성 진황도시로 옮길 수 없다.

그럼에도 불구하고 한중일학계(韓中日學界)가 [고죽국(孤竹國) 영토]를 하북성 천진시가 아닌 하북성 진황도시로 잘못 비정한 이유는 하북성 진황도시의 고대 지명과 유적이 [고죽국(孤竹國) 영토]라는 근거로 완벽하기 때문이다.

[고죽국(孤竹國) 영토]에 관한 정사서(正史書)의 기록에 부합하는 과거의 흔적들이 하북성 진황도시에 집중되어 우연히 만들어졌을 가능성은 없다.

이는 명(明)이 국가적 차원에서 조작했기 때문에 가능한 일이다.

하지만 아무리 중국이라 하더라도 황하(Yellow River)가 하북성 진황도시에서 바다로 들어가도록 만들 수는 없다.

우갈석(右碣石)은 명(明)의 역사 왜곡에서 약한 고리인 것이다.

물론 우갈석(右碣石) 외에도 명(明)의 역사 왜곡을 논증할 수 있는 정사서(正史書)의 기록은 충분하다.

정사서(正史書)를 읽으면서 종합적으로 퍼즐을 맞춰야 하므로 어느 정도의 노력이 필요할 뿐이다.

게다가 거짓말을 하지 않는 숫자로 과학적인 검증까지 가능하다.

정사서(正史書)에는 수 많은 거리 기록이 수록되어 있기 때문이다.

당(唐)과 명(明)이 자행한 역사 왜곡은 정사서(正史書)의 1차 사료가 가리키는 역사적 사실 대신 그 자리에 가짜 역사를 채워 놓은 것이다.

그래서 사람들이 쉽게 알아차릴 수 없는 범위 내에서만 역사 왜곡이 가능하다.

예를 들어 고죽국(孤竹國) 영토의 경우 한(漢) 요서군(遼西郡) 서부 지역에 위치한다는 1차 사료의 기록으로 인해 반드시 대요수(大遼水) 서쪽에 위치해야 한다.

따라서 [고죽국(孤竹國) 영토]를 요하(Liao River) 동쪽으로 옮기는 역사 왜곡은 어렵다.

요하(Liao River) 동쪽에는 대요수(大遼水)라고 우길 수 있는 하천이 존재하지 않기 때문이다.

명(明)이 역사 왜곡을 위해 대요수(大遼水)로 비정한 요하(Liao River) 서쪽에서 '노룡새(盧龍塞)를 관통한 유수(濡水)'라고 우길 수 있는 하천은 난하(Luan River)뿐이다.

역사 왜곡의 범위가 정해지면 사람들을 속여야 하기 때문에 가짜 역사의 근거가 되는 떡밥이 필요하다.

명(明)이 우갈석(右碣石)으로 비정한 하북성 진황도시의 갈석산은 명(明)의 역사 왜곡에 제발 속아 달라는 떡밥이다.

더불어 고죽성(孤竹城)과 조선성(朝鮮城)도 사람들이 난하(Luan River)를 유수(濡水)로 믿게 만드는 떡밥이다.

이외에도 여러 떡밥이 있는데 우갈석(右碣石) 외에는 모두 조작이 가능한 떡밥이다.

한국과 일본의 학자들이 명(明)의 떡밥에 속아 난하(Luan River)를 유수(濡水)로 인식하고, 요하(Liao River)를 수양제(隋煬帝)와 당태종(唐太宗)이 건넌 대요수(大遼水)로 인식하면서 명(明)의 역사 왜곡은 성공했다.

명(明)의 역사 왜곡 성공으로 하북성 진황도시는 유수(濡水)가 흐르는 [고죽국(孤竹國) 영토]로 인식되었다.

또한 요령성 서부 지역은 한(漢) 요서군(遼西郡) 동부 지역으로, 요령성 동부 지역은 한(漢) 요동군(遼東郡)의 영토로 인식되었다.

3. 우갈석(右碣石)의 위치 = 하북성 천진시

[한중일 학계의 통설]에 의하면 한(漢) 요서군(遼西郡)의 [류현(絫縣) 갈석산]인 우갈석(右碣石)은 하북성 진황도시의 갈석산이다.

[탐구 5]	우갈석(右碣石)이 위치한 곳
학계의 통설	난하(Luan River)가 바다로 들어가는 하북성 진황도시
역사적 사실	황하(Yellow River)가 바다로 들어가는 하북성 천진시

[류현(絫縣) 갈석산]인 우갈석(右碣石)은 노룡새(盧龍塞)를 관통한 유수(濡水)가 당(唐) 평주(平州) 노룡현(盧龍縣)에서 바다로 들어가는 곳에 위치한다.

또한 '[하(河)가 바다로 들어가는 곳]에 있다'고 기록되어 있다.

하(河)가 고유명사로 쓰이면 황하(Yellow River)를 지칭하기 때문에 '[황하(Yellow River)가 바다로 들어가는 곳]에 있다'와 같은 의미이다.

[우공소재수산준천지도(禹貢所載隨山濬川之圖)] 등 명(明)의 역사 왜곡이 반영되지 않은 고지도(old map)에는 [황하(Yellow River)가 바다로 들어가는 곳]에 갈석산이 그려져 있다.

고지도(old map) 제작자는 우갈석(右碣石)의 하(河)를 당연히 황하(Yellow River)로 이해하고 [황하(Yellow River)가 바다로 들어가는 곳]에 갈석산을 그린 것이다.

간과하지 말아야 할 사실은 '황하(Yellow River)는 하류의 흐름이 수시로 달라졌기 때문에 바다로 들어가는 곳 또한 수시로 바뀌었다'는 점이다.

사람들이 '[하(河)가 바다로 들어가는 곳]에 갈석산이 있다'는 문헌의 기록을 좇다 보니 오해로 인해 산동성 빈주시에도 갈석산이 있는데, 황하(Yellow River)가 산동성 빈주시에서 바다로 들어갔을 때 새로이 불리게 된 갈석산이다.

우갈석(右碣石)이 위치한 곳이 하북성 진황도시라는 [한중일 학계의 통설]이 역사적 사실이라면 황하(Yellow River)는 하북성 진황도시에서 바다로 들어가야 한다.

황하(Yellow River)가 천진시 북부 지역의 산악지대를 넘어 동쪽으로 당산시를 가로지르고, 이후 난하(Luan River)를 넘어 하북성 진황도시에서 남쪽으로 바다로 들어가는 것은 불가능하다.

황하(Yellow River)는 천진시 북부 지역의 산악지대를 넘는 것조차 불가능하기 때문에 우갈석(右碣石)은 하북성 천진시를 벗어난 지역에 비정될 수 없다.

노룡새(盧龍塞)를 관통한 유수(濡水)가 바다로 들어가는 곳과 [황하(Yellow River)가 바다로 들어가는 곳]이 인접했던 시기의 [류현(絫縣) 갈석산]이 '[하(河)가 바다로 들어가는 곳]에 있다'는 기록을 남기게 만든 우갈석(右碣石)이며, '우갈석(右碣石)의 하(河)는 난하(Luan River)'라는 주장은 일고의 가치도 없다.

중국은 우갈석(右碣石)이 위치한 바다를 창해(滄海)라 칭했다.

수경주(水經注) 등에 '우갈석(右碣石) 하단이 자연 현상으로 창해(滄海) 바다에 잠겼다'는 내용의 기록이 있다.

AD 207년, 조조(曹操)는 창해(滄海)에 접해 있는 류현(絫縣)을 방문하여 하단이 바다에 잠겨 있는 우갈석(右碣石)을 내려다보면서 관창해(觀滄海)라는 시를 남겼다.

관창해(觀滄海)에 의하면

> 東臨碣石 以觀滄海
> 동(東)으로 갈석(碣石)을 내려다보고 창해(滄海)를 바라보니

'임(臨)'은 '내려다보다'라는 뜻이 있다.

조조(曹操)가 내려다 본 우갈석(右碣石)이 위치한 곳은 당시 장성(長城) 안 내지(內地) 중 가장 동북쪽에 위치한 하북성 천진시이다.

조조(曹操)가 북벌을 감행한 곳은 천진시 북쪽 하북성 승덕시 서남부 지역으로 난하(Luan River) 서쪽이다.

난하(Luan River) 동쪽 땅을 밟아보지 못한 조조(曹操)가 하북성 진황도시 산해관(山海關) 일대의 우갈석(右碣石)을 등정했다는 것은 가짜 역사다.

[고죽국(孤竹國) 영토]가 천진시에서 진황도시로 역사가 왜곡되자 우갈석(右碣石)의 위치뿐만 아니라 조조(曹操)가 정벌한 유성현(柳城縣)의 위치와 조조(曹操)의 진군로 등 중국의 동북아고대사는 모두 가짜 역사로 채워졌다.

촉(蜀)과 오(吳)가 중원(中原)을 노리고 있는데 조조(曹操)가 직접 지금의 요서(遼西) 지역을 정벌했다는 이야기는 상식적으로도 말이 안 된다.

조조(曹操)에 관한 가짜 역사는 명(明) 시기의 소설책인 나관중〈AD 1330 ~ 1400년〉의 삼국지(三國志)에서나 가능한 일이다.

필자가 책 제목을 '중국의 동북아고대사는 가짜다'라고 지은 이유이다.

진짜 역사를 담은 진수(陳壽)〈AD 233 ~ 297년〉의 삼국지(三國志)에 의하면 조조(曹操)의 북벌은 하북성 북경시 중부 지역에 위치한 [서무산노룡새(徐無山盧龍塞) 출구][59]를 나가 산악지대 하나를 넘었을 뿐이다.

중국사와 한국사를 동시에 연구하는 서울대 동양사학과가 당(唐)과 명(明)의 역사 왜곡 문제를 공론화해야 한국사 또한 가짜 역사에서 벗어날 수 있다.

한국사가 진짜 역사로 채워져야만 한국인들은 더 이상 나관중의 삼국지(三國志)와 같은 가짜 역사에 세뇌되지 않을 것이며, 미래의 한국 공무원들은 [고대 한국]의 역사에서 교훈을 얻어 애국심을 바탕으로 공무를 수행할 것이다.

구당서(舊唐書) 및 신당서(新唐書)를 제대로 읽은 사람들에게 '당장성동단(唐長城東端)이 하북성 진황도시의 산해관(山海關)과 위치가 같다'는 주장은 '우갈석(右碣石)이 하북성 진황도시에 위치한다'는 주장만큼이나 황당하다.

만리장성(萬里長城)과 명장성(明長城)을 제외하면 중국의 장성(長城)은 하북성 천진시, 즉 황하문명권을 벗어나지 못했다.

4. 요수(遼水)에서 개칭된 유수(濡水) = 조백하(Chaobai River)[60]

[탐구 4]와 [탐구 5]를 통해 [고죽국(孤竹國) 영토]와 우갈석(右碣石)이 위치한 곳은 하북성 천진시라는 역사적 사실을 확인했다.

중국의 동북아고대사 정립 4) 에 의하면

> 당태종(唐太宗)<재위; AD 626 ~ 649년> 시기, 유수(濡水)와 당(唐) 평주(平州)
>
> 노룡현(盧龍縣) ➡ 패수(浿水) ➡ 만리장성동단(萬里長城東端)과 당(唐) 영주(營州) ➡
>
> 대요수(大遼水) ➡ 한요동(漢遼東)이 서쪽에서 동쪽 방향으로 위치한다.

[고죽국(孤竹國) 영토]와 우갈석(右碣石)이 위치한 곳은 요수(遼水)에서 개칭된 유수(濡水)와 당(唐) 평주(平州) 노룡현(盧龍縣)이 위치한 곳으로 승계되었다.

수경주(水經注)에 의하면 유수(濡水)는 산악지대에서 흐르는 하천이다.

반면, 요하(Liao River)는 [만주의 동북 평원]에서 흐르는 하천이다.

염철론(鹽鐵論) 험고(險固) 편(篇)에 의하면

> 燕塞碣石 絶邪谷 繞援遼
>
> 연(燕)은 갈석(碣石)으로 막혀 있고, 사곡(邪谷)으로 단절(斷絶)되어 있으며,
>
> 요수(遼水)로 둘러 쌓여있다.

연(燕) 동쪽 국경인 요수(遼水)에 대한 기록이며, 여기서의 갈석(碣石)은 한(漢) 우북평군(右北平郡) 여성현(驪成縣)에 위치한 대갈석산(大碣石山)이다.

진개(秦開)의 동정(東征) 이전, 연(燕)의 동북방 한계는 북경시 남부 지역이며, 연(燕) 동쪽 국경인 요수(遼水)는 북경시와 천진시 경계에서 흐르는 조백하(Chaobai River)이다.

따라서 대갈석산(大碣石山)은 조백하(Chaobai River) 서쪽 북경시 동남부 지역에 위치하며, 우갈석(右碣石)은 조백하(Chaobai River) 동쪽 천진시에 위치한다.

염철론(鹽鐵論) 험고(險固) 편(篇)과 같은 기록을 보면서도 '[연요동(燕遼東) 요수(遼水)]는 [만주의 동북 평원]을 가로지르는 요하(Liao River)이다'라는 [한중일 학계의 통설]이 옳다는 생각을 굽히지 않는 사람은 [상식이 통하지 않는 역사교과서]의 맹목적인 추종자일 뿐이다.

사기(史記) 연소공세가(燕召公世家)에 의하면

> **秦攻拔我薊 燕王亡 徙居遼東**
>
> 진(秦)이 공격하여 계(薊)를 점령했다. 연왕(燕王)이 도망(逃亡)갔다. 요동(遼東)으로 옮겨 차지했다.

같은 사건을 기록한 사기(史記) 진시황본기(秦始皇本紀)에 의하면

> **取燕薊城 燕王東收遼東而王之**
>
> 연(燕)의 계성(薊城)을 점령했다. 연왕(燕王)이 동쪽으로 요동(遼東)을 빼앗고 왕(王)이 되었다.

BC 226년, 진(秦)이 연(燕)의 수도인 계성(薊城)[61]을 점령하자 연왕(燕王) 희(喜)는 연장성동단(燕長城東端)이 위치한 하북성 천진시를 빠져나와 [고조선 패수(浿水)]와 대요수(大遼水) 사이 진요동(秦遼東)으로 도망갔다.

연(燕)과 고조선(古朝鮮) 간 두 번째 완충지대인 진요동(秦遼東)의 북쪽은 예맥조선(濊貊朝鮮)이고, 진요동(秦遼東)의 동쪽은 낙랑조선(樂浪朝鮮)으로 연왕(燕王) 희(喜)는 더 이상 도망갈 곳이 없었다.

BC 222년, 진(秦)은 진요동(秦遼東)으로 군대를 보내 연왕(燕王) 희(喜)를 사로잡았으며, 진요동(秦遼東)을 진(秦)의 영토로 편입했다.

BC 221년, 진(秦)은 제(齊)를 멸망시키면서 전국시대〈BC 403 ~ BC 221년〉를 마감하고 중국을 통일했다.

진시황(秦始皇)은 연요동(燕遼東), 즉 하북성 천진시에서 멈춘 연장성(燕長城)을 연장하여 진요동(秦遼東)을 가로지르는 만리장성(萬里長城)을 축성했다.

만리장성(萬里長城)으로 인해 [고조선 패수(浿水)]와 대요수(大遼水) 사이 진요동(秦遼東) 남부 지역은 진(秦)의 내지(內地)가 되었다.

만리장성(萬里長城)이 축성된 BC 214년경, 진(秦)은 진요동(秦遼東)의 만리장성(萬里長城) 남쪽에 진(秦) 요동군(遼東郡)을 설치했다.

이때 만리장성동단(萬里長城東端)에 역사상 최초의 임유현(臨渝縣)이 설치되었다.

BC 210년, 진시황(秦始皇)이 사망하면서 중국은 혼란에 빠졌다.

진(秦) 말기(末期)〈BC 209 ~ BC 207년〉, 고조선(古朝鮮)은 요동외요(遼東外徼)에 반격했고, 이어서 [고조선 패수(浿水)]까지 영토를 모두 수복했다.

고조선(古朝鮮)이 진요동(秦遼東)을 수복한 진(秦)과 고조선(古朝鮮) 간 전쟁에 관한 기록은 염철론(鹽鐵論)에 수록되어 있다.

염철론(鹽鐵論) 비호(備胡) 편(篇)에 의하면

> **朝鮮踰徼 刧燕之東地**
> 조선(朝鮮)이 요(徼)를 넘어 연(燕)의 동쪽 땅을 강탈했다.

'연(燕)의 동쪽 땅'은 연(燕) 요동군(遼東郡) 양평현(襄平縣)이 설치된 연요동(燕遼東)의 동쪽 땅을 의미한다.

연요동(燕遼東)의 동쪽 땅은 [고조선 패수(浿水)] 동쪽에 접해 있는 진고공지(秦故空地), 즉 진요동(秦遼東)이다.

요(徼)는 진(秦)이 고조선(古朝鮮)을 침공하여 진(秦)과 고조선(古朝鮮) 간 국경인 대요수(大遼水) 동쪽에 설치한 요동외요(遼東外徼)이다.

사기(史記) 항우본기(項羽本紀)에 의하면

> BC 206년, 항우(項羽)는 훗날 황제가 되는 유방(劉邦)을 한왕(漢王)으로 봉하는
> 등 제후국들의 왕(王)을 봉했다. 이때 항우(項羽)는 한광(韓廣)이 통치하고 있었던
> 연국(燕國)을 나누어 연국(燕國)과 요동국(遼東國)을 두었다.
> 항우(項羽)는 장도(臧荼)를 연국(燕國)의 연왕(燕王)으로 봉하여 계(薊)에 도읍하게
> 했으며, 본래 연국(燕國)의 연왕(燕王)이었던 한광(韓廣)을 요동국(遼東國)의
> 요동왕(遼東王)으로 봉했다.

BC 206년, 항우(項羽)가 한광(韓廣)을 요동왕(遼東王)으로 봉했을 때, [고조선 패수(浿水)] 동쪽 진요동(秦遼東)은 고조선(古朝鮮)이 이미 수복한 뒤였다.

항우(項羽)〈BC 232 ~ BC 202년〉가 새로이 건국한 요동국(遼東國)의 도읍은 북경시 남부 지역에 위치한 무종(無終)[62]이다.

이는 연요동(燕遼東), 즉 하북성 천진시만으로 요동국(遼東國)을 만들기에는 영토가 협소하여 요수(遼水), 즉 조백하(Chaobai River) 서쪽 무종(無終) 일대까지 요동국(遼東國)의 영토로 편입한 결과이다.

진(秦)을 멸망시키면서 중국을 제패한 후, 패왕으로 군림한 항우(項羽)가 요동국(遼東國)을 조백하(Chaobai River) 유역에 건국했다는 역사적 사실은 조백하(Chaobai River) 유역이 황하문명권의 동북방 한계임을 확인시켜 준다.

BC 209 ~ BC 207년, 고조선(古朝鮮) 서쪽 국경으로 복귀한 [고조선 패수(浿水)]는 BC 108년, 한(漢)이 낙랑조선(樂浪朝鮮)을 멸망시킬 때까지 한(漢)과 고조선(古朝鮮) 간 국경으로 유지되었다.

패수(浿水)와 대요수(大遼水) 사이 땅이 연(燕)과 고조선(古朝鮮) 간 두 번째 완충지대가 되면서 [고조선 패수(浿水)]가 고조선(古朝鮮) 서쪽 국경이 아니었던 기간은 100년 미만이다.

또한 진(秦)이 [고조선 패수(浿水)] 동쪽 진요동(秦遼東) 남부 지역을 내지(內地)로 편입한 기간은 최대 7년이다.

따라서 동북아고대사에서 고조선(古朝鮮) 서쪽 국경을 처음부터 마지막까지 [고조선 패수(浿水)]로 고정해도 전혀 문제가 없다.

진고공지(秦故空地)의 상징인 [고조선 패수(浿水)] 동쪽 만리장성(萬里長城)은 고조선(古朝鮮)에 의해 허물어졌다.

고조선(古朝鮮)은 진요동(秦遼東)을 동서로 가로지르는 만리장성(萬里長城)이 필요 없기 때문이다.

수경주(水經注) 유수(濡水) 편(篇)에 의하면

晉書地道志曰 遼西人見遼水有浮棺 欲破之 語曰 我孤竹君也 汝破我何為
因為立祠焉 祠在山上 城在山側 肥如縣南十二里 水之會也
진서지도지(晉書地道志)에 의하면 요서인(遼西人)이 요수(遼水)에 관(棺)이 떠 있는
것을 보고 그것을 파괴하려고 했는데 "나는 고죽군(孤竹君)이다. 네가 어떻게 나를
깨뜨릴 수 있는가?"라는 소리가 들려 사당(祠)을 지어줬는데, 사당(祠)은 산 위에 있고
성(城)은 산 옆 비여현(肥如縣) 남쪽 12리(里) 지점으로 물이 모이는 곳이다.

진서지도지(晉書地道志)의 요수(遼水)는 고죽국요수(孤竹國遼水)로 조백하(Chaobai River)이다.

조백하(Chaobai River)에 떠 있는 관(棺)의 주인 고죽군(孤竹君)은 상(商) 왕조(王朝)〈BC 1600 ~ BC 1046년〉가 봉한 고죽국(孤竹國) 임금의 군호(君號)이다.

비여현(肥如縣)은 [고죽국(孤竹國) 영토]에 설치된 현(縣)으로 진(晉) 요서군(遼西郡)의 3개 속현 중 하나이다.

진장성동단(晉長城東端)은 연장성동단(燕長城東端)과 위치가 동일하며, 진장성(晉長城) 안에서 가장 동북쪽에 위치한 군현은 요서군(遼西郡)이다.

진(晉) 요서군(遼西郡)의 3개 속현은 양락현(陽樂縣)·비여현(肥如縣)·해양현(海陽縣)으로 모두 한(漢) 요서군(遼西郡) 서부 지역에 위치한 현(縣)이다.

진(晉) 요서군(遼西郡)의 영토에서 비여현(肥如縣)을 지나 [류현(絫縣) 갈석산]에 이르는 하천은 유수(濡水)이다.

진(晉)〈AD 265 ~ 419년〉 시기 이전에 이미 요수(遼水)는 유수(濡水)로 개칭되었지만, 여전히 옛 이름인 요수(遼水)를 사용하는 사람들이 있기 마련이며, 같은 이유로 유수(濡水) 대신 요수(遼水)로 기록된 사료들이 있다.

진서지도지(晉書地道志) 편찬자는 유수(濡水) 대신 요수(遼水)로 기록된 사료를 고치지 않고 그대로 요수(遼水)로 기록했다.

진서지도지(晉書地道志)의 요수(遼水)는 진(晉) 요서군(遼西郡)에서 흐르는 유수(濡水), 즉 조백하(Chaobai River)이며, 진서지도지(晉書地道志)의 요서인(遼西人)은 한(漢) 요서군(遼西郡) 서부 지역, 즉 하북성 천진시 사람이다.

촉(蜀)과 오(吳)를 멸망시키면서 중국을 통일한 진(晉)은 진장성(晉長城) 밖을 평주(平州)라 칭했다.

한(漢) 요서군(遼西郡) 서부 지역은 진(晉) 요서군(遼西郡)으로 승계되었고, 한(漢) 요서군(遼西郡) 동부 지역, 즉 진요동(秦遼東)은 진(晉) 평주(平州)[63]로 승계된 것이다.

진(晉)은 고조선(古朝鮮)의 영토였던 진요동(秦遼東)으로 남하한 모용선비(慕容鮮卑)의 수장 모용외(慕容廆)를 조선공(朝鮮公)에 봉했다.

대요수(大遼水) 유역을 수복하려는 고구려(高句麗)를 견제하기 위해 진(晉)은 모용선비(慕容鮮卑)를 대항마로 내세운 것이다.

진(晉) 평주(平州)에는 대요수(大遼水)가 흐르고 있으며, 대요수(大遼水) 유역을 지키려는 [한족(漢族) + 모용선비(慕容鮮卑)]와 수복하려는 고구려(高句麗) 간 쟁투의 역사가 시작되었다.

유수(濡水)에서 개칭된 조백하(Chaobai River) ➡ 진(晉) 요서군(遼西郡)이 위치한 하북성 천진시 ➡ [고조선 패수(浿水)] ➡ 진(晉) 평주(平州)의 모용선비(慕容鮮卑) ➡ 대요수(大遼水) ➡ 고구려(高句麗)가 서쪽에서 동쪽 방향으로 위치한다.

[한중일 학계의 통설]에 의하면 요수(遼水)에서 개칭된 유수(濡水)는 난하(Luan River)이다.

명(明)의 역사 왜곡이 대요수(大遼水)인 난하(Luan River)를 유수(濡水)로 인식하게 만들었다.

명(明)의 역사 왜곡에 관한 종합적인 논증은 [동북아고대사정립 3권]에서 확인하기 바란다.

[탐구 6]	요수(遼水)에서 개칭된 유수(濡水)
학계의 통설	난하(Luan River)
역사적 사실	조백하(Chaobai River)

BC 664년, 제환공(齊桓公)이 고죽국(孤竹國) 정벌을 위해 건너간 하천은 난하(Luan River)가 아니라 조백하(Chaobai River)이다.

제환공(齊桓公)이 이끄는 제(齊)와 연(燕)의 연합군은 하북성 북경시를 향해 북진하여 북경시의 산융(山戎)을 정벌한 후, 내친김에 동진하여 천진시의 고죽국(孤竹國)까지 정벌했다.

'중국 황제 중 수양제(隋煬帝)와 당태종(唐太宗)만이 수군까지 동원한 대규모 원정으로 넘을 수 있었던 난하(Luan River)를 제환공(齊桓公)이 제(齊)와 연(燕)의 연합군만으로 건너가 하북성 진황도시를 점령했다'는 주장은 상식적으로 말이 안 된다.

제환공(齊桓公) 북벌의 목적지는 북경시였으며, 조백하(Chaobai River)를 넘어 천진시까지 진군한 것도 제환공(齊桓公)에게는 도전(challenge)이었다.

진개(秦開)의 동정(東征)〈BC 4세기 말〉이전, 중국의 군대가 동쪽으로 요하문명권의 경계인 [고조선 패수(浿水)]를 넘었다는 정사서(正史書)의 기록은 어디에도 없다.

제환공(齊桓公)의 북벌은 황하문명권 내 통일 전쟁에 불과했고, 요하문명권을 침략한 최초의 인물은 진시황(秦始皇)이다.

기회를 엿보다가 주변 정치세력을 무력으로 무너뜨리기는 쉽지만, 나라가 멸망하여 유민의 원망이 가득한 땅이나 유민이 떠나 비워진 땅을 내지(內地)로 편입시키는 일은 결코 쉬운 일이 아니다.

연(燕)은 산융(山戎)의 영토인 하북성 북경시로 백성을 이주시켜 북경시 남부 지역을 연(燕)의 내지(內地)로 편입시켰다.

하지만 조백하(Chaobai River) 동쪽 [고죽국(孤竹國) 영토], 즉 하북성 천진시마저 내지(內地)로 편입시키지는 못했다.

염철론(鹽鐵論) 험고(險固) 편(篇)에 의하면

> 燕塞碣石 絶邪谷 繞援遼
>
> 연(燕)은 갈석(碣石)으로 막혀 있고, 사곡(邪谷)으로 단절(斷絶)되어 있으며,
> 요수(遼水)로 둘러 쌓여있다.

연(燕)이 연요동(燕遼東)을 내지(內地)로 편입시키지 못하고 연요동(燕遼東) 서부 지역의 요수(遼水), 즉 조백하(Chaobai River)를 동쪽 국경으로 삼았다는 역사적 사실은 염철론(鹽鐵論)에 기록되어 있다.

연장성(燕長城)과 요동고새(遼東故塞) 축성 이전, 연(燕)은 산융(山戎)과 고죽국(孤竹國) 간 험난한 지형을 자연 방어선으로 삼았던 것이다.

더불어 조백하(Chaobai River)와 패수(浿水) 사이 하북성 천진시를 연(燕)과 고조선(古朝鮮) 간 완충지대로 활용했다.

완충지대는 평화에 큰 역할을 했으며, BC 664년부터 BC 4세기 말까지 350년이 넘는 시간 동안 연(燕)과 고조선(古朝鮮) 간 물리적 충돌은 없었다.

중국과 [고대 한국] 간 첫 번째 전쟁은 진개(秦開)의 동정(東征)이다.

BC 4세기 말, 진개(秦開)의 군대가 지나간 완충지대는 소진(蘇秦)이 연문후(燕文侯)에게 언급한 요동(遼東)으로 하북성 천진시이며, 요동(遼東) 동쪽에 조선(朝鮮)이 접해 있었다.

진개(秦開)의 동정(東征)으로 연(燕)의 동쪽 국경이었던 조백하(Chaobai River)는 중국의 내지(內地)에서 흐르는 하천이 되었고, [고조선 패수(浿水)]가 연(燕)의 새로운 동쪽 국경이 되었다.

350여 년 동안 국경이었던 조백하(Chaobai River)가 중국인의 삶의 터전이 된 것이다.

대신 [고조선 패수(浿水)]와 대요수(大遼水) 사이가 새로운 완충지대가 되면서 [고대 한국인]의 삶의 터전인 대요수(大遼水)는 국경이 되어 버렸다.

진개(秦開)의 동정(東征)으로 새로운 완충지대가 만들어진 후, 연장성(燕長城)과 요동고새(遼東故塞)가 축성되면서 하북성 천진시는 중국의 내지(內地)가 되었다.

연(燕) 동쪽 국경을 요수(遼水)에서 [고조선 패수(浿水)]로 바꾸어 놓은 사건은 BC 664년, 고죽국(孤竹國) 멸망이 아니라 BC 300년경, 요동고새(遼東故塞) 축성이다.

요동고새(遼東故塞)는 연(燕)이 하북성 천진시를 보호하기 위해 북쪽 산악지대의 연장성(燕長城), 즉 노룡새(盧龍塞)에서 남쪽으로 우갈석(右碣石)까지 축성한 장성(長城)이다.

연(燕)이 [고조선 패수(浿水)] 서쪽 인접한 곳에 축성한 요동고새(遼東故塞)는 [고조선 패수(浿水)]가 황하문명권과 요하문명권 간 경계임을 확인시켜 주고 있다.

연(燕)이 황하문명권의 동북방 한계까지 노룡새(盧龍塞)와 요동고새(遼東故塞)를 축성한 것은 동북아고대사에서 기념비적인 역사이며, BC 300년경, 연(燕)은 마침내 중국의 내지(內地)가 된 하북성 천진시에 백성을 보낼 수 있었다.

이후, 하북성에서 노룡새(盧龍塞)보다 북쪽에 축성된 중국의 장성(長城)은 명장성(明長城)이 유일하다.

더불어 고조선(古朝鮮)에 의해 허물어진 만리장성(萬里長城)을 제외하면 요동고새(遼東故塞)보다 동쪽에 축성된 중국의 장성(長城) 또한 명장성(明長城)이 유일하다.

노룡새(盧龍塞)와 요동고새(遼東故塞)로 이어지는 연장성(燕長城) 내에서 가장 동쪽에 위치한 대하천은 [연요동(燕遼東) 요수(遼水)]에서 개칭된 유수(濡水), 즉 조백하(Chaobai River)이다.

한편, 명(明)이 축성한 명장성(明長城) 내에서 가장 동쪽에 위치한 대하천은 난하(Luan River)이다.

명(明)이 자금성(紫禁城)을 건설하고 수도를 북경시로 옮기면서 수도를 보호하기 위해 새로이 축성한 명장성(明長城)이 연장성(燕長城)과 동일한 위치일 수는 없다.

명(明)은 연장성(燕長城)을 승계한 당장성(唐長城)보다 더 북쪽과 동쪽에 명장성(明長城)을 축성했으며, 당장성(唐長城)은 허물어졌다.

명장성(明長城)은 만리장성(萬里長城)도 넘지 못한 난하(Luan River)를 넘은 장성(長城)으로 중국 역사상 가장 동쪽으로 뻗어나간 장성(長城)이다.

명장성(明長城) 축성으로 난하(Luan River)가 명장성(明長城) 내에서 가장 동쪽에 위치한 대하천이 되자 명(明)은 대요수(大遼水)인 난하(Luan River)를 요수(遼水)에서 개칭된 유수(濡水)로 탈바꿈 시키는 역사 왜곡을 자행했다.

조백하(Chaobai River)가 흐르는 한(漢) 요서군(遼西郡) 서부 지역의 역사를 통째로 하북성 진황도시의 역사로 탈바꿈 시킨 것이다.

5. 패수(浿水)에서 개칭된 대요수(大遼水) = 난하(Luan River)

한(漢)은 패수(浿水) 동쪽 방수천리(方數千里)의 고조선(古朝鮮)을 멸망시켰다.

한(漢)이 인구 5,000여 만명 중 20%인 1,000여 만명을 요하문명권으로 이주시키더라도 언어와 문화가 다른 300여 만명의 고조선(古朝鮮) 사람들을 한족(漢族)으로 동화시킬 수는 없다.

게다가 낙랑조선(樂浪朝鮮) 유민들과 달리 예맥조선(濊貊朝鮮) 유민들은 곳곳에서 한(漢)에 항거했다.

특히 예맥조선(濊貊朝鮮) 일파인 구려(句麗)는 거점인 예맥(濊貊) 땅 서부 지역을 떠나 예맥(濊貊) 땅 중부 지역에서 대놓고 한(漢)에 맞섰다.

한(漢)은 대요수(大遼水) 중류 동쪽에 요동군(遼東郡) 양평현(襄平縣)을 설치하여 한(漢)의 동북방 군사적 거점으로 활용했다.

한(漢) 요동군(遼東郡) 양평현(襄平縣) 동남쪽 수백 리(里) 지점에 고조선(古朝鮮)의 수도였던 한(漢) 낙랑군(樂浪郡) 치소(治所) 왕험성(王險城)이 위치했다.

AD 37년, 고구려(高句麗)가 한(漢) 낙랑군(樂浪郡)을 멸망시킬 때까지 한(漢) 요동군(遼東郡)은 한(漢) 낙랑군(樂浪郡)을 효과적으로 통제했다.

AD 313년, 한(漢) 낙랑군(樂浪郡)이 421년 만에 중국의 지배에서 벗어났다는 [한중일 학계의 통설]은 역사적 사실이 아니다.

한(漢) 낙랑군(樂浪郡)은 145년 만에 고구려(高句麗)에 의해 멸망했으며, 이후의 낙랑군(樂浪郡)은 낙랑(樂浪) 땅을 벗어난 지역의 [짝퉁 낙랑군(樂浪郡)][64]이다.

동북아고대사정립 4에 수록된 고구려(高句麗) 영토고표(領土考表) 완성본(完成本)[65]에 의하면 후한낙랑군(後漢樂浪郡)은 임둔(臨屯) 땅에 위치한다.

관련된 논증은 [동북아고대사정립 2권]에서 확인하기 바란다.

또한 고구려(高句麗)는 점령한 왕험성(王險城)을 안시성(安市城)[66]으로 개칭했다.

'고구려(高句麗) 안시성(安市城)은 고조선(古朝鮮) 수도 왕험성(王險城)을 승계했다'는 역사적 사실에 대해 한국인들이 교육을 받지 못하는 현실이 안타깝다.

관련된 논증은 [동북아고대사정립 4권]에서 확인하기 바란다.

한(漢)은 요하문명권을 지배하기 위해 일단 난하(Luan River) 유역을 장악해야 했고, 한요동(漢遼東)의 군현이 그 역할을 담당했다.

고구려(高句麗)는 그런 한요동(漢遼東)을 깨뜨리려고 노력했고, 마침내 난하(Luan River) 유역을 수복하여 요하문명권을 독립시키고 조선(朝鮮)을 재건했다.

고구려(高句麗)의 영토는 서쪽으로 [고조선 패수(浿水)]에 이르지 못했다.

고조선(古朝鮮) 멸망 직후, 한(漢)은 황하문명권의 동북방 한계인 [고죽국(孤竹國) 영토]와 요하문명권의 서남방 한계인 진요동(秦遼東) 서부 지역을 하나로 묶어 한(漢) 요서군(遼西郡)을 설치하여 황하문명권과 요하문명권 간 경계인 [고조선 패수(浿水)]를 소멸시켜 버렸다.

고구려(高句麗) 또한 해(奚) 등 다른 종족이 이미 거주하고 있는 진요동(秦遼東) 서부 지역을 수복하는 것은 실익이 없다고 판단했을 것이다.

게다가 [고조선 패수(浿水)]는 낙랑조선(樂浪朝鮮)의 서쪽 국경이지 예맥조선(濊貊朝鮮)의 서쪽 국경은 아니기 때문에 고구려(高句麗)는 오히려 예맥(濊貊) 땅 서부 지역인 서안평현(西安平縣)[67] 일대를 수복하는데 전력을 기울였다.

고구려(高句麗)를 멸망시킨 당(唐)은 난하(Luan River) 유역에서 고조선(古朝鮮)과 고구려(高句麗)의 흔적을 모두 지우기 위해 난하(Luan River) 동쪽 낙랑(樂浪) 땅의 장수왕 평양성(長壽王平壤城)[68]을 요동군고성(遼東郡故城)으로 탈바꿈 시켰다.

지금의 요서(遼西) 지역에서 낙랑(樂浪) 땅을 지우는 역사 왜곡을 자행한 것이다.

또한 당(唐)은 고구려(高句麗) 3경(京) 중 하나인 한성(漢城)을 평양성(平壤城)으로 개칭하여 낙랑(樂浪) 땅을 통째로 한반도 북부 지역으로 옮겼다.

당(唐)의 역사 왜곡에 관한 논증은 [동북아고대사정립 4권]에서 확인하기 바란다.

[한중일 학계의 통설]에 의하면 연장성동단(燕長城東端)이 위치한 곳은 요령성 요양시(遼陽市)이다.

[탐구 7]	연장성동단(燕長城東端)이 위치한 곳
학계의 통설	요령성 요양시
역사적 사실	하북성 천진시

연장성동단(燕長城東端)이 위치한 곳으로 비정되기 위해서는 다음과 같은 조건을 갖추어야 한다.

1) 만리장성동단(萬里長城東端) 서쪽에 위치해야 한다.

2) 고조선(古朝鮮) 서쪽 국경인 패수(浿水) 서쪽에 위치해야 한다.

3) 연(燕) 요동군(遼東郡) 양평현(襄平縣)과 요동고새(遼東故塞)가 있어야 한다.

만리장성동단(萬里長城東端)이 위치한 패수(浿水)와 패수(沛水) 사이 땅은 중국의 두 번째 요동(遼東)인 진요동(秦遼東)이 되었다.

진요동(秦遼東)이 연(燕)과 고조선(古朝鮮) 간 두 번째 완충지대가 되자 연(燕)은 하북성 천진시까지 연장성(燕長城)을 축성했고, 연장성동단(燕長城東端)이 된 천진시에 연(燕) 요동군(遼東郡)을 설치했다.

천진시 서쪽 북경시에 항우(項羽)가 세운 요동국(遼東國)의 도읍이 있었기 때문에 북경시 또한 한때 요동(遼東)이었다.

연요동(燕遼東)·진요동(秦遼東)·한요동(漢遼東)의 구분 없이 요동(遼東)에 관한 단편적인 기록을 근거로 북경시를 한요동(漢遼東)으로 오인하여 고구려(高句麗)의 영토였다고 주장하면 안 된다.

고구려(高句麗)의 영토는 난하(Luan River) 유역이 서쪽 한계였다.

하북성 천진시 동북부 경계에 한(漢)과 고조선(古朝鮮) 간 국경인 [고조선 패수(浿水)]가 위치하며, [고조선 패수(浿水)] 동쪽에 진(秦)과 고조선(古朝鮮) 간 국경인 패수(沛水)에서 개칭된 난하(Luan River)가 위치한다.

연장성동단(燕長城東端) 동쪽에 만리장성동단(萬里長城東端)이 위치한다는 역사적 사실 또한 같은 이론체계이다.

조백하(Chaobai River) ➡ 연장성동단(燕長城東端) ➡ [고조선 패수(浿水)] ➡ 만리장성동단(萬里長城東端) ➡ 패수(沛水)에서 개칭된 난하(Luan River) ➡ 명장성동단(明長城東端)이 서쪽에서 동쪽 방향으로 위치한다.

중국의 동북아고대사 정립 10)

조백하(Chaobai River) ➡ 연장성동단(燕長城東端) ➡ [고조선 패수(浿水)] ➡ 만리장성동단(萬里長城東端) ➡ 패수(沛水)에서 개칭된 난하(Luan River) ➡ 명장성동단(明長城東端)이 서쪽에서 동쪽 방향으로 위치한다.

연장성동단(燕長城東端)은 연요동(燕遼東)에, 만리장성동단(萬里長城東端)은 진요동(秦遼東)에 위치하기 때문에 연장성(燕長城)과 만리장성(萬里長城)은 모두 요동(遼東)까지 축성되었다고 기록되어 있다.

따라서 '장성(長城)이 요수(遼水)를 관통했다'는 기록에서 요수(遼水)는 모두 고죽국 요수(孤竹國遼水), 즉 조백하(Chaobai River)이다.

연요동(燕遼東)과 진요동(秦遼東)은 모두 대요수(大遼水), 즉 난하(Luan River) 서쪽에 위치하고 있기 때문이다.

만리장성동단(萬里長城東端)이 위치한 임유현(臨渝縣)은 난하(Luan River) 서쪽 한(漢) 요서군(遼西郡) 속현이며, 임유현(臨渝縣)이라는 이름은 '유수(渝水)가 흐르는 현(縣)'이라는 사실을 알 수 있게 한다.

그리고 만리장성동단(萬里長城東端) 동쪽 관문은 임유관(臨渝關)이다.

임유관(臨渝關)은 '유수(渝水)를 내려다보는 관(關)'이라는 의미이다.

수경주(水經注)에 의하면 한(漢) 요서군(遼西郡)에서 흐르는 백랑수(白狼水)에서 갈라져 나온 유수(渝水)는 대요수(大遼水) 서쪽 인접한 곳에서 흐르는 하천이며, 유수(渝水)가 마지막으로 지나간 현(縣)이 임유현(臨渝縣)이다.

한서지리지(漢書地理志)에 의하면 한(漢) 요서군(遼西郡) 교려현(交黎縣)[69]에서도 유수(渝水)가 흐르는데, 교려현(交黎縣) 또한 대요수(大遼水)인 난하(Luan River) 서쪽 인접한 곳에 위치했다.

진시황(秦始皇)은 하북성 천진시의 연장성(燕長城)을 동쪽으로 연장하여 [고조선 패수(浿水)]를 끊고 임유현(臨渝縣)에 이르는 장성(長城)을 축성했다.

당시 진(秦)과 고조선(古朝鮮) 간 국경은 난하(Luan River)이기 때문에 만리장성동단(萬里長城東端) 임유현(臨渝縣)은 난하(Luan River) 동쪽에 위치할 수 없다.

연소왕(燕昭王) 재위기간〈BC 311 ~ BC 279년〉, 진개(秦開)의 군대는 고조선(古朝鮮)을 난하(Luan River)까지 밀어냈다.

조위(曹魏)의 관리였던 어환(魚豢)은 진개(秦開)의 군대가 고조선(古朝鮮)을 난하(Luan River) 동쪽 한요동(漢遼東)의 [번한현(番汗縣) 패수(沛水)]까지 밀어낸 것으로 오인했다.

어환(魚豢)은 요수(遼水)와 [번한현(番汗縣) 패수(沛水)] 간 거리를 2,000여 리(里)로 추산하여 그의 저서 위략(魏略)에 기록했다.

삼국지(三國志)의 편찬자 진수(陳壽)는 위략(魏略)의 기록을 인용하여 '연(燕)은 고조선(古朝鮮)의 서방 땅 2,000여 리(里)를 빼앗았고 만번한(滿番汗)을 경계로 삼았다'고 기록했다.

조백하(Chaobai River)와 [번한현(番汗縣) 패수(沛水)] 간 고대 거리는 829.4km이다.

829.4km에서 조백하(Chaobai River)와 패수(浿水) 간 거리와 난하(Luan River)와 [번한현(番汗縣) 패수(沛水)] 간 거리를 빼면 진개(秦開)의 군대가 실제로 고조선(古朝鮮)을 동쪽으로 밀어낸 거리이다.

따라서 고조선(古朝鮮)이 밀려난 거리는 [고조선 패수(浿水)]와 난하(Luan River) 간 거리로 진요동(秦遼東)의 동서 거리이다.

진요동(秦遼東)의 동서 거리는 결국 하북성 당산시[70]의 동서 거리이다.

[한중일 학계의 통설]에 의하면 요하(Liao River)가 대요수(大遼水)이다.

[탐구 8]	대요수(大遼水)
학계의 통설	요하(Liao River)
역사적 사실	난하(Luan River)

하지만 역사적 사실은 난하(Luan River)가 대요수(大遼水)이다.

[대요수난하설(大遼水灤河說)]에 관한 종합적인 논증은 [동북아고대사정립 2권]에서 확인하기 바란다.

BC 664년, 제환공(齊桓公)이 산융(山戎)과 고죽국(孤竹國)을 멸망시킨 후, 연(燕) 동쪽 국경은 조백하(Chaobai River)이며, 조백하(Chaobai River)와 [고조선 패수(浿水)] 사이 하북성 천진시는 연(燕)과 고조선(古朝鮮) 간 완충지대가 되었다.

BC 344년, 연(燕)을 방문한 소진(蘇秦)은 연문후(燕文侯)에게 '연(燕) 동쪽에는 조선(朝鮮)과 요동(遼東)이 있다'고 말했다.

소진(蘇秦)은 조백하(Chaobai River)와 [고조선 패수(浿水)] 사이 하북성 천진시를 요동(遼東)이라 칭한 것이다.

연소왕(燕昭王) 재위기간〈BC 311 ~ BC 279년〉, 진개(秦開)의 군대가 완충지대인 하북성 천진시를 지나 요하문명권과 황하문명권 간 경계인 [고조선 패수(浿水)]를 넘어 고조선(古朝鮮)을 침공했다.

염철론(鹽鐵論) 벌공(伐攻) 편(篇)에 의하면

> 燕襲走東胡僻地千里 度遼東而攻朝鮮
>
> 연(燕)이 동호(東胡)를 습격하여 천리(千里)를 물러나게 하였고, 요동(遼東)을 지나
>
> 조선(朝鮮)을 공격했다.

조백하(Chaobai River) ➡ 요동(遼東) ➡ [고조선 패수(浿水)] ➡ 난하(Luan River)가 서쪽에서 동쪽 방향으로 위치한다.

진개(秦開)의 군대는 [고조선 패수(浿水)]를 넘어 고조선(古朝鮮)의 구성국인 난하(Luan River) 서쪽 진번조선(眞番朝鮮)을 멸망시켰다.

이후, [고조선 패수(浿水)]와 난하(Luan River) 사이는 진요동(秦遼東)이 되었다.

중국이 진개(秦開)의 동정(東征)으로 요하(Liao River) 동쪽 땅까지 차지했다는 [한중일 학계의 통설]은 너무나도 상식을 벗어났다.

대규모 군대를 동원한 수양제(隋煬帝)와 당태종(唐太宗)도 난하(Luan River)를 넘었을 뿐 요하(Liao River) 동쪽 땅은 밟아 보지 못했다.

진개(秦開)가 그 일을 해냈다면 사마천(司馬遷)은 그의 열전(列傳)을 남겼을 것이다.

필자는 '하북성 진황도시를 [고죽국(孤竹國) 영토]로 믿게 만든 것이 명(明)의 역사왜곡'이라고 단언했다.

[고죽국(孤竹國) 영토]를 난하(Luan River) 동쪽 진황도시로 비정하기 위해서는 난하(Luan River)가 유수(濡水)와 동일한 하천이라는 비정이 선행되어야 한다.

명(明)은 난하(Luan River)를 유수(濡水)로 탈바꿈 시키는 역사 왜곡을 자행했으며, 난하(Luan River) 동쪽 진황도시를 [고죽국(孤竹國) 영토]로 탈바꿈 시켰다.

진황도시가 [고죽국(孤竹國) 영토]로 인식되면 진개(秦開)의 요하(Liao River) 유역 정복을 역사적 사실로 받아들일 수밖에 없는데, 이것이 명(明)의 역사 왜곡 효과다.

진황도시를 [고죽국(孤竹國) 영토]로 탈바꿈 시키는 조작은 얼마든지 할 수 있지만, 요하문명권인 곳을 황하문명권으로 바꿀 수는 없다.

조백하(Chaobai River)는 북경시를 거쳐 천진시에서 바다로 들어가는 황하문명권의 하천이다.

따라서 제환공(齊桓公)이 조백하(Chaobai River) 동쪽 천진시를 정벌했거나, 연(燕)이 연장성(燕長城)을 축성하여 조백하(Chaobai River) 동쪽 천진시를 내지(內地)로 편입시킨 정치적 행위는 충분히 납득이 가는 일이다.

반면, [화북 평원]에서 멀리 떨어져 있는 난하(Luan River)는 명(明)이 연산산맥(燕山山脈)을 따라 명장성(明長城)을 축성하지 않았다면 하북성에도 포함되지 않았을 요하문명권의 하천이다.

황하문명권 밖 이민족(異民族) 국가와 낮은 강도의 국지전이 아닌 전면전을 벌이겠다는 결단은 중국 황제나 도전할 수 있는 패권적 정치 행위이며, 그 시기도 전쟁 기술이 발전한 중국의 전국시대 후기부터 가능한 일이었다.

중국이 [고대 한국]을 멸망시키기 위해서는 난하(Luan River) 유역은 물론이고 요하(Liao River) 유역까지 장악해야 하는데, 한(漢)은 난하(Luan River) 유역을 장악했을 뿐이고, 고구려(高句麗)는 그런 중국을 결국 요하문명권에서 몰아낼 수 있었다.

한(漢) 요서군(遼西郡) 서부 지역은 조백하(Chaobai River)가 흐르는 하북성 천진시이고, 한(漢) 요서군(遼西郡) 동부 지역은 하북성 당산시 및 승덕시 서남부 지역이며, 한(漢) 요동군(遼東郡)은 난하(Luan River) 중류 유역이다.

> **중국의 동북아고대사 정립 11)**
> 한(漢) 요서군(遼西郡) 서부 지역은 조백하(Chaobai River)가 흐르는 하북성 천진시이고, 한(漢) 요서군(遼西郡) 동부 지역은 하북성 당산시 및 승덕시 서남부 지역이며, 한(漢) 요동군(遼東郡)은 난하(Luan River) 중류 유역이다.

BC 664년, 제환공(齊桓公)이 북경시의 산융(山戎)과 천진시의 고죽국(孤竹國)을 멸망시키면서 황하문명권의 동북방 한계는 모두 주(周) 왕조(王朝)〈BC 1046 ~ BC 256년〉의 영토로 편입되었다.

연(燕)은 이민족(異民族) 국가인 고조선(古朝鮮)을 경계하지 않을 수 없었기 때문에 [고죽국(孤竹國) 영토]를 완충지대로 삼았다.

중국의 전국시대〈BC 403 ~ BC 221년〉, 연(燕)은 하북성 당산시 및 승덕시 서남부 지역이 영토였던 진번조선(眞番朝鮮)을 멸망시켰다.

그리고 하북성 당산시와 승덕시 서남부 지역은 새로운 완충지대가 되었다.

새로운 완충지대를 확보한 연(燕)은 [고조선 패수(浿水)]에 인접한 곳까지 연장성(燕長城)을 축성한 후, 첫 번째 완충지대였던 천진시를 내지(內地)로 만들 수 있었다.

연장성(燕長城) 축성 후, 중국과 [고대 한국] 간 완충지대가 된 [고조선 패수(浿水)]와 난하(Luan River) 사이 고조선(古朝鮮)의 영토를 잠시나마 중국의 내지(內地)로 만든 사람은 진시황(秦始皇)이다.

진시황(秦始皇)이 중국의 내지(內地)로 만든 곳은 하북성 당산시이며, 진(秦)과 고조선(古朝鮮) 간 국경이었던 패수(浿水)는 난하(Luan River)이다.

고조선(古朝鮮)은 패수(浿水)까지 영토를 모두 수복하여 패수(浿水)와 난하(Luan River) 사이를 진고공지(秦故空地)로 만들었다.

> **중국의 동북아고대사 정립 12)**
>
> 고조선(古朝鮮)의 영토 중, 진시황(秦始皇)이 중국의 내지(內地)로 만든 곳은 하북성 당산시이며, 진(秦)과 고조선(古朝鮮) 간 국경이었던 패수(浿水)는 난하(Luan River)이다.
>
> 고조선(古朝鮮)은 패수(浿水)까지 영토를 모두 수복하여 패수(浿水)와 난하(Luan River) 사이를 진고공지(秦故空地)로 만들었다.

6. [고조선 패수(浿水)]의 위치 = 천진시와 당산시 경계

[고조선 패수(浿水)]로 비정되기 위해서는 다음과 같은 조건을 갖추어야 한다.

1) 요수(遼水)에서 개칭된 유수(濡水), 즉 조백하(Chaobai River) 동쪽에 위치해야 한다.

2) 패수(沛水)에서 개칭된 대요수(大遼水), 즉 난하(Luan River) 서쪽에 위치해야 한다.

3) 한(漢) 요서군(遼西郡) 서부 지역과 동부 지역 간 경계이다.

[고조선 패수(浿水)]는 한(漢) 요서군(遼西郡)의 영토 내에서 흐르는 하천이기 때문에 한(漢) 낙랑군(樂浪郡)에서 흐르는 하천을 [고조선 패수(浿水)]로 비정하는 학술적이지 않은 주장에 현혹되면 안 된다.

그러한 주장은 [고조선 패수(浿水)]와 낙랑군(樂浪郡) 조선현(朝鮮縣) 내에 새로이 명명된 패수(浿水)를 구분하지 못했을 때 나올 수 있는 주장이다.

`중국의 동북아고대사 정립 6)` 에 의하면

> 한서지리지(漢書地理志) 요서군(遼西郡) 편(篇)에 기록된 한(漢) 요서군(遼西郡)의
> 영토 내에서 흐르는 48개 작은 하천 중 하나가 중국과 한국 간 최초의 국경인 [고조선
> 패수(浿水)]이다.

조백하(Chaobai River)와 난하(Luan River) 사이 48개의 작은 하천 중 천진시와 당산시 경계, 즉 천진시 동부 지역 또는 당산시 서부 지역에서 북쪽에서 남쪽으로 흐르는 하천 중 하나가 [고조선 패수(浿水)]이다.

중국의 전국시대〈BC 403 ~ BC 221년〉가 한창이던 BC 300년경, 연(燕)이 요하 문명권을 정벌하고 요하(Liao River) 동쪽까지 서울 ~ 부산 거리의 2배가 넘는 연장성 (燕長城)을 축성하여 연장성(燕長城) 남쪽을 모두 연(燕)의 내지(內地)로 만들었다는 [한중일 학계의 통설]은 상식적이지 않다.

연장성(燕長城)은 하북성에서 흐르는 [고조선 패수(浿水)]를 넘지 못했다.

[고조선 패수(浿水)]를 기준으로 서쪽은 연요동(燕遼東)이라 불리고, 동쪽은 진요동(秦遼東)이라 불리면서, [고조선 패수(浿水)]는 요동(遼東) 땅에서 흐르는 하천이 되었다.

이후, 진요동(秦遼東) 동쪽에 한요동(漢遼東)이 설치되면서 [고조선 패수(浿水)]는 한(漢) 요서군(遼西郡) 서부 지역과 동부 지역 간 경계가 되었다.

중국의 춘추시대⟨BC 770 ~ BC 403년⟩, 중국의 영토는 역사지도에서 난하(Luan River) 유역까지 그려진다.

하북성 진황도시가 [고죽국(孤竹國) 영토]라는 비정이 근거인데, 하북성 천진시까지 그려진 역사지도로 바꿔야 한다.

중국의 전국시대⟨BC 403 ~ BC 221년⟩, 연장성(燕長城) 축성 후, 중국의 영토는 역사지도에서 요하(Liao River) 유역까지 그려진다.

요하(Liao River)가 요수(遼水)이고 요하(Liao River) 동쪽이 연요동(燕遼東)이라는 비정이 근거이다.

하지만 연장성(燕長城) 축성 후, 조백하(Chaobai River)와 [고조선 패수(浿水)] 사이 완충지대였던 연요동(燕遼東)이 연(燕)의 내지(內地)로 바뀌었을 뿐이며, 중국의 동북방 영토는 변화가 없다.

따라서 중국의 전국시대⟨BC 403 ~ BC 221년⟩도 중국의 춘추시대⟨BC 770 ~ BC 403년⟩와 다를 바 없이 하북성 천진시까지 그려진 역사지도로 바꿔야 한다.

하북성 천진시에 위치한 연(燕) 요동군(遼東郡) 양평현(襄平縣)은 당(唐)의 역사 왜곡으로 지금의 요서(遼西) 지역에 위치한 고구려(高句麗) 구려현(句麗縣)으로 옮겨 갔으며, 명(明)의 역사 왜곡으로 다시 지금의 요양시(遼陽市)로 옮겨 갔다.

고구려(高句麗) 구려현(句麗縣)이 위치한 곳은 한(漢) 낙랑군(樂浪郡)의 영토로 장수왕평양성(長壽王平壤城)이 축성된 곳이며, 역사상 첫 번째 요양(遼陽)이다.

당(唐)의 역사 왜곡으로 연장성동단(燕長城東端) 또한 연(燕) 요동군(遼東郡) 양평현(襄平縣)을 따라 지금의 요서(遼西) 지역까지 뻗었다고 왜곡되었으며, 명(明)의 역사 왜곡으로 지금의 요동(遼東) 지역까지 뻗었다고 왜곡되었다.

AD 1136년에 제작된 화이도(華夷圖)[71]를 포함하여 고지도(old map)에서 난하(Luan River) 동쪽에 그려진 중국의 장성(長城)은 모두 역사 왜곡의 산물로 실존하지 않는다.

당(唐)과 명(明)의 역사 왜곡 성공으로 가상의 연장성동단(燕長城東端)이 요하(Liao River) 동쪽까지 그려진 것이며, 여기에 더해 만리장성(萬里長城)을 그리려고 하니 [고조선 패수(浿水)]의 비정으로 인해 중국 학자들도 머리가 아플 것이다.

한반도 내에 [고조선 패수(浿水)]를 끊고 뻗어 나간 만리장성(萬里長城)이 그려지면 '한반도 내에 만리장성(萬里長城) 흔적이 어디에 있느냐?'며 한국인들은 난리가 난다.

[중국 학계]는 만리장성동단(萬里長城東端)을 한반도 압록강 북변에 위치한 요령성 단동시에 비정했다.

이러한 비정은 '[고조선 패수(浿水)]는 혼하(Hun River)'라고 비정하는 것과 다르지 않다.

패수(浿水)의 위치에 따라 만리장성동단(萬里長城東端)의 위치가 결정되기 때문에 [고조선 패수(浿水)]가 한반도 청천강이라고 믿는 학자가 역사지도를 만든다면 만리장성동단(萬里長城東端)을 한반도 황해도에 그려야 한다.

[고조선 패수(浿水)]가 한반도 압록강이라고 믿는 학자가 역사지도를 만든다면 만리장성동단(萬里長城東端)을 한반도 평안도에 그려야 한다.

[고조선 패수(浿水)]가 혼하(Hun River)라고 믿는 학자가 역사지도를 만든다면 만리장성동단(萬里長城東端)을 한반도 압록강 북변에 그려야 한다.

하지만 [고조선 패수(浿水)]는 난하(Luan River) 서쪽에 위치한다.

따라서 필자가 역사지도를 만든다면 하북성 천진시와 당산시 경계에 북쪽에서 남쪽으로 흐르는 [고조선 패수(浿水)]를 그린 후, 만리장성동단(萬里長城東端)을 난하(Luan River) 서쪽 하북성 당산시 동부 지역에 그릴 것이다.

또한 AD 1136년, 중국 학자들이 중국의 영토라고 생각한 지역만을 석비(石碑)에 새긴 우적도(禹迹圖)[72]의 요수(遼水) 서쪽 인접한 곳까지 만리장성(萬里長城)을 그린 후, 그곳이 왜 하북성 당산시 동부 지역인지 논증할 것이다.

고대 요동(遼東)과 지금의 요동(遼東)이 동일한 위치라면 한국인들은 중국의 고유 영토인 요동(遼東)을 한국의 옛 영토였다고 억지를 부리는 것이다.

진개(秦開)의 동정(東征) 이전에 이미 존재한 고대 요동(遼東)이 애초에 [고대 한국]의 영토였다는 근거가 없고, 요동(遼東)이라는 명칭도 중국의 지명이기 때문이다.

하지만 역사적 사실은 '3개의 고대 요동(遼東)이 존재했다'는 것이다.

연요동(燕遼東)은 중국의 고유 영토이고, 진요동(秦遼東)과 한요동(漢遼東)은 [고대 한국]의 고유 영토이며, 요하(Liao River) 유역은 고대 요동(遼東)이었던 적이 없다.

고려(Korea)의 학자들은 당(唐)의 역사 왜곡에 속아 지금의 요서(遼西) 지역에 위치한 요(遼) 동경요양부(東京遼陽府) 요양성(遼陽城)을 고구려(髙句麗) 요동성(遼東城), 즉 한(漢) 요동군(遼東郡) 양평성(襄平城)이라고 믿었다.

지금의 요서(遼西) 지역을 중국의 고유 영토라고 믿었던 것이다.

그 결과, 당시 압록강(鴨淥江)으로 불리운 요하(Liao River) 동쪽이 고조선(古朝鮮) 및 고구려(髙句麗)의 중심지였다고 믿는 동만주사관(東滿洲史觀)에 빠졌다.

고려(Korea)의 서희(徐熙)는 '요(遼) 동경요양부(東京遼陽府)의 영토가 모두 고구려(髙句麗)의 영토였다'는 역사적 사실을 모르고 있었다.

서희(徐熙)가 진짜 역사를 알았다면 협상 결과는 더 좋았을 것이다.

7. 좌갈석(左碣石)의 위치 = 하북성 당산시

당(唐)과 명(明)의 역사 왜곡 성공으로 좌갈석(左碣石)이 비정되는 곳은 요하(Liao River) 서쪽 인접한 곳이다.

[탐구 9]	좌갈석(左碣石)이 위치한 곳
역사 왜곡	요하(Liao River) 서쪽 인접한 곳
역사적 사실	하북성 당산시 동부 지역

좌갈석(左碣石)이 위치한 곳으로 비정되기 위해서는 다음과 같은 조건을 갖추어야 한다.

1) 연요동(燕遼東)의 우갈석(右碣石) 동쪽에 위치해야 한다. = 하북성 천진시의 우갈석(右碣石)과 구분하기 위해 좌갈석(左碣石)이라 칭한 것이다.

2) [고조선 패수(浿水)] 동쪽 진요동(秦遼東)에 위치해야 한다. = 진시황(秦始皇)이 고조선(古朝鮮)의 영토 내에 지정한 갈석(碣石)이다.

3) 진요동(秦遼東) 동쪽 경계인 패수(浿水)에서 개칭된 난하(Luan River) 서쪽에 위치해야 한다. = 진시황(秦始皇)의 영토는 난하(Luan River)까지였다.

4) 고구려(髙句麗)의 영토 내에 위치해야 한다. = 하북성 당산시 동부 지역은 고구려(髙句麗)의 영토였으며, 만약 좌갈석(左碣石)이 중국의 영토 내에 있었다면 우갈석(右碣石)보다 더 유명했을 것이다.

좌갈석(左碣石)을 요하(Liao River) 서쪽 인접한 곳에 비정하는 이유는 당(唐)과 명(明)의 역사 왜곡에 속아 대요수(大遼水)를 요하(Liao River)로 인식하기 때문이다.

조백하(Chaobai River) ➡ [황하(Yellow River)가 바다로 들어가는 곳]에 위치한 우갈석(右碣石) ➡ [고조선 패수(浿水)] ➡ 고구려(髙句麗)의 영토 내에 위치한 좌갈석(左碣石) ➡ 난하(Luan River)가 서쪽에서 동쪽 방향으로 위치한다.

진개(秦開)의 동정(東征)은 황하문명권의 중국과 요하문명권의 [고대 한국] 간 평화를 깨뜨렸으며, 이후 중국과 [고대 한국] 간 쟁투가 시작되었다.

[역사적 사실]

[고조선 패수(浿水)]를 국경으로 조백하(Chaobai River) 유역의 중국과 난하(Luan River) 유역의 [고대 한국]이 쟁투를 벌였다.

[당(唐)에 의해 왜곡된 역사]

[고조선 패수(浿水)]를 국경으로 난하(Luan River) 유역의 중국과 요하(Liao River) 유역의 [고대 한국]이 쟁투를 벌였다.

[명(明)에 의해 왜곡된 역사]

[고조선 패수(浿水)]를 국경으로 요하(Liao River) 유역의 중국과 한반도의 [고대 한국]이 쟁투를 벌였다.

['21세기 중국'에 의해 왜곡된 역사]

[고대 한국]은 중국의 지방 정권이며, 지금의 한국은 [고대 한국]과 연관이 없다.

한족(漢族)의 황하문명권이 중국을 의미하듯이, 예맥족(濊貊族)의 요하문명권은 [고대 한국]을 의미한다.

한족(漢族)이 요하문명권에 실질적으로 관여를 시작한 때는 명(明) 건국 이후였다.

신석기 문화의 측면에서 보면 요하문화권이 황하문화권보다 조금 앞선다.

국가 문명으로 따져보면 황하문명(黃河文明)과 요하문명(遼河文明), 즉 중국과 [고대 한국]은 우열을 가리기 어렵다.

중국이 평화를 원한다면 [고대 한국]을 승계하여 통일신라(Unified Silla)와 고려(Korea)로 이어진 한국의 역사를 존중해야 한다.

한국 또한 전쟁 걱정이 없는 진정한 강국이 되기 위해서는 국방력만 강화시킬 것이 아니라 동북아고대사 교육을 통해 [국가의 얼]을 강화시키는 것이 필요하다.

오늘날 한국은 국민소득의 증가와 과학기술의 발달로 선진국이 되었지만, '21세기 중국'의 역사 왜곡에 맞설 수 있는 [국가의 얼]을 되살리지 못하고 있다.

[국가의 얼]이 부족하기 때문에 '요하문명(遼河文明)은 [고대 한국]의 독자적 국가 문명으로 [고대 중국]과 직접적인 연관이 없다'는 주장을 하지 못하고 있다.

왜곡되고 축소된 역사를 바로 잡지 못하니 중국으로부터 소국 취급을 받는 것이다.

중국이 가만히 있으면 왜곡되고 축소된 역사를 조용히 학술적으로 바로잡으면 된다.

하지만 현실은 중국이 동북공정을 국가적 차원에서 추진하여 수 많은 논문을 쏟아냈으며, 학문적 자신감을 구축하여 중국은 이제 공개적으로 '고조선(古朝鮮)과 고구려(高句麗)는 중국의 일부였다'고 자국민에게 가르치고 있다.

이에 대응하지 못하고 침묵하는 한국 지도층을 보며 '30년 안에 중국과 한국 간 전쟁은 피할 수 없다'는 생각이 들었다.

중국과 한국 간 전쟁을 막는 가장 확실한 방법은 동북아고대사를 정립하는 것이다.

한국인들은 이미 중국의 동북아고대사 왜곡에 스트레스(stress)를 받고 있으며, 중국의 동북아고대사 왜곡은 Chat GPT의 버전(version)이 아무리 업그레이드(upgrade)되어도 해결될 수 없는 문제이다.

인공 지능은 중국 학자들이 쏟아내는 수많은 논문의 가짜 역사를 학습하기 때문이다.

그러나 인간은 분석과 추론의 과정을 거쳐 직관으로 왜곡된 동북아고대사를 바로잡을 수 있다.

미래 역사가의 가장 큰 역할은 가짜 역사를 바로잡는 일이 될 것이다.

중국의 동북아고대사는 가짜다
- 동북아고대사의 올바른 이론체계 -
역사매니아용

초판 1쇄 발행 2023년 7월 17일

지 은 이   김석주
발 행 처   동북아고대사정립
펴 낸 이   김석주
편집 · 표지디자인   (주)카리스북

주   소   경기도 파주시 심학산로 423번길 21-9, 202호(목동동)
출판등록   제2023-000072호
연 락 처   카카오톡 ID: sukju69
이 메 일   benjamin797979@naver.com
홈페이지   http://upright.kr

ISBN 979-11-983791-7-7(03910)
값 10,000원